中国创业培训

SYB创业实训之计划书

宁波市人才培训中心　编著

北京理工大学出版社
BEIJING INSTITUTE OF TECHNOLOGY PRESS

内 容 提 要

本书系统介绍了创业计划书的基础知识和实操流程，设计了创业计划书认知、客户细分和核心资源、关键业务与价值主张、渠道通路、客户关系和重要伙伴、成本结构、收入来源等任务，理实结合、图文并茂，体现了做中学、学中做的教、学、做一体化教学理念。

本书可作为高校创业类基础教材，也可作为创业培训教材。

版权专有　侵权必究

图书在版编目（CIP）数据

SYB 创业实训之计划书 / 宁波市人才培训中心编著．—北京：北京理工大学出版社，2021.7（2022.9 重印）
ISBN 978-7-5763-0052-9

Ⅰ.①S… Ⅱ.①宁… Ⅲ.①大学生—创业　Ⅳ.① G647.38

中国版本图书馆 CIP 数据核字（2021）第 137350 号

出版发行 /	北京理工大学出版社有限责任公司
社　　址 /	北京市海淀区中关村南大街 5 号
邮　　编 /	100081
电　　话 /	（010）68914775（总编室）
	（010）82562903（教材售后服务热线）
	（010）68944723（其他图书服务热线）
网　　址 /	http：//www.bitpress.com.cn
经　　销 /	全国各地新华书店
印　　刷 /	河北鑫彩博图印刷有限公司
开　　本 /	889 毫米 ×1194 毫米　1/16
印　　张 /	9
字　　数 /	253 千字
版　　次 /	2021 年 7 月第 1 版　2022 年 9 月第 3 次印刷
定　　价 /	59.80 元

责任编辑 /	江　立
文案编辑 /	江　立
责任校对 /	周瑞红
责任印制 /	边心超

图书出现印装质量问题，请拨打售后服务热线，本社负责调换

宁波市高技能人才金蓝领培养工程系列教材编委会

主　编：陈　烨　许奇良　吴贵林
副主编：方　敏　王　冲　单联军

本教材编写委员会

主　编：张芝萍　魏　明　单联军
副主编：胡坚达　陈　明　周　亚
成　员：周　涛　裘晓雯　茅淑桢　苏维微　王蝶红　邱佳宁　郑焱之
　　　　俞燕君　张义廉　胡　铭　蔡小飞　姚小斌　俞金波　钱方兵
　　　　廖海鹏　郑　剑　陈美芳　徐冬烨　王伟忠　林德操　谢莹莹
　　　　吴章健　陈清升　董丽君　高宝岩　沈　哲　林　莹　徐冰莹
　　　　易后余　楼巍华　阮东波　柳艾岭　叶任泽　马航军　王　廷
　　　　沈旭伟　王　鑫　施仕君　苏　腾　余建挺　仇　琳　沈佳文
　　　　沈　妍　任一波　郑　芳　沈弥雷　庄朝霞　赵进军　刘建长
　　　　范建波　汪继耀　毛立良　何　雄　白锦表　韩　竹　张定华
　　　　赵莺燕　竺　帅　方黛春　励建国　叶海玲　麻黎黎　林　巧
　　　　余泽锋　张作为　王　丽　刘效壮　楼剑锋　蒋　红　陈建飞
　　　　朱寺宏　朱兴华　周　磊　胡光雷　叶豪杰　忻志伟　张婷芳
　　　　刘　悦　邱宝荣　许伟为　蒋　洵　张　蕾　邹胜峰　马成功

序 言
—— Foreword

创业进入深水区

我们经常把创业比喻成"下海",而海洋分为浅水区和深水区,那么,今天的创业就是深水区创业。深水区创业和浅水区创业到底有什么不同呢?

很多人认为创业者的胆量最重要,我一直不觉得大学生创业缺乏胆量和勇气,年轻人就是一个有梦想的群体,但是中国大学生创业的成功率低于3%,远低于美国大学生创业的成功率20%,那么,数字背后说明了什么?

改革开放40多年,正是无数创业者活力的释放、智慧的绽放,推动了中国经济快速的成长和发展。我们在更多地强调创业者要有胆量、风口、资本的同时,忽略了严谨的创业方法。在浅水区,创业者凭感觉和经验就能找到创业机会,但是到了深水区,原来的经验失效了,领路的其他同行创业者不见了,如果没有好的科学装备(严谨科学的创业方法),那只能抱怨"现在的创业越来越难了"。

我在互联网行业工作了近十年,亲眼见证了互联网行业的创业者从简单的模仿复制,到今天不得不开启原创模式,用更科学的创业方法围绕中国用户更精细的场景进行创造。以前是我们到硅谷取经,现在更多的美国企业开始研究中国的新实践和新玩法。我相信,随着中国的强大,这样的事情会越来越多!

本书介绍了大学生创业者需要掌握的严谨、科学的创业方法。敢于创业的大学生都是不缺胆量和远大抱负的,如果你既有胆量又有方法论,我相信创业成功率一定会更高。

谈到"创业计划书",很多人认为是写给投资人看的,而我认为"创业计划书"首先要写给创业团队自己:"我们处于什么样的赛道,在什么样的趋势风口,细分客户的最核心痛点是什么,我们到底选择了哪一个关键价值主张。"我见过很多创业计划书,写了很多痛点,很多价值主张,找到了很多创业路径,但这些都不精准,因为越分散就越没有力量,会浪费大量资源,最终导致创业失败。创业者在创业计划书里,首先要回答一个问题:在资源有限的情况下,我们用一个什么样的最短路径来快速实现一个商业上的闭环,我们是怎么做到的?在创业计划书中,一定要把这点说明白。

其次，在创业计划书中要说清楚，我们如何去做，需要什么样的客户资源，需要什么样的团队伙伴，成本结构和收入来源是什么，从而一步步实现创业目标。本书重点介绍了"商业画布"的创业逻辑，建议创业者和创业团队认真思考，深入讨论，总结提炼出严谨的文字，形成一份为创始团队所深度认可的计划书。

当你反复逐字阅读自己写的"创业计划书"，并在脑中产生越来越清晰的画面时，我相信你就会感受到当年乔布斯创立苹果公司的感觉："你必须找到你所深爱的东西，这样你才会有真正的使命感和激情，她会驱动你的每个细胞，去干一番惊天动地的事业！"

你能说服自己，就能说服投资人，就能说服更多的候选人和合作伙伴，你就会越来越自信，好运也会随之而来。期待每一个大学生创业者能够认真阅读本书，在"实训操作"系统上认真实践，提高自己的创业成功率！

（马成功　虎刺帕教育科技（浙江）有限公司总架构师、小米生态链谷仓创业学院总顾问）

赋　能

当今时代是一个大变革的时代，在这样的时代背景下，社会向青年人发出了强烈的创新创业的召唤，创新创业大有作为，广大青年大有作为，在这样一幅大变革的时代画卷上，虚位以待，静候君来。创新是民族之魂，是时代主题；创业是发展之基，是富民之本。随着我国经济进入新常态，党中央、国务院适时做出了"大众创业、万众创新"的重大战略部署。实践证明，广泛开展"大众创业、万众创新"，是培育和催生经济社会发展新动力的必然选择，是扩大就业、实现富民之道的根本举措，是激发全社会创新潜能和创业活力的有效途径。创业作为经济的引擎，已成为21世纪全球关注的焦点。宏大始于微末，对于创业者来说，一个良好的开端无疑是非常重要的，而一个好的创业开端，要从一份优秀的"创业计划书"开启。"创"意为始、"业"乃事业。创业计划是指创业者为了实现创业战略所制定的具体的行动纲领和实施步骤，创业计划的内容涉及创业者对有关创业项目所有事项的系统安排，包括创业前景展望、各种资源的整合，以及经营思想、战略的确定等。创业计划是对新创企业创立之前的所有准备工作的总结和整合，是为实现创业战略而制定的完整、具体、深入的行动指南。双创之根，在于实干；双创之难，在于攻坚。创新、创业需要有思维、有技术、有方法、有工具，本书是详细阐述如何筹建企业的书面资料，是对创办企业过程中相关的所有事项进行总体安排的文件，不仅能帮助创业者明确创业目标，还可以为企业的发展提供指导，使创业计划书的撰写更具有专业性。本书是一本为创新创业者提供持续创业成功的软硬件工具的工具书，是助力创新创业成功的宝典。本书为创新创业者提供了实实在在的技术、方法和工具，也为创新创业的辅导老师提供了有效的培训教材，将会对创新创业的成功起到助力与赋能作用。

（副主编　胡坚达研究员）

创业计划是一种实践

　　创新创业教育已然成为推动高等教育变革的重要抓手，各类创业大赛如火如荼地举行，全国高校大学生的创新创业热情得以被点燃。回归创业教育的本质，创业教什么，如何教？这个话题始终被高校创新创业教育参与者热议。教学法，绝非小事，属教育根本。创业要讲商业模式，创业教育也要讲教学模式。恰当的教学模式才能事半功倍，激发学生的创新意识，提升学生的创业技能。关于创业教育的理解，我非常赞同百森商学院的理念，即基于实践的百森教学法，将创业教育作为一种实践，打破传统课堂"教师说，学生听"的模式，让学生在"做中学"。本书最大的亮点就在于充分贯彻了"做中学"的创业教育理念，通过情景化的任务设计，让学生在任务驱动下完成创业计划书的制作，从而达到学习创业的目的。

　　任何一个创业项目，都离不开创业计划书，没有创业计划书就无法进行项目评估、项目交流及项目融资。当然，创业计划书的核心价值并不在于给投资人看，而在于写给创业者自己看。按图索骥是本书最大的特点，本书从创业者实际创业出发，深刻把握创业的基本规律，将生动形象的商业模式"画布"细化为具有可操作性的任务，让创意在任务的引导下变得有章可循、有法可依、有形落地，通过持续的实践形成创业思维，从而更具创新精神，更好地创造机会和开展创业活动。

　　本书专为引导学生进行商业计划而作。计划书写作的过程能够帮助创业者打磨内容，本书分为五个阶段，即创业构想细化、市场调研、竞争者调查、财务分析、创业计划书撰写与修改，循序渐进，抽丝剥茧。在创业计划书的写作方面，是以亚历山大·奥斯特瓦德的商业模式"画布"为蓝本，既有理论性，又有实践性。

　　纸上得来终觉浅，绝知此事要躬行。希望本书能够成为创业者朋友们学习创业的新起点，让我们一起行动、共创！

（副主编　周亚副教授）

创业培训领域的创新工具

　　创业培训是服务于国家加快转变经济发展方式、建设创新型国家和人力资源强国的战略举措，是落实以创业带动就业、促进充分就业的重要措施。当下，随着"大众创业、万众创新"的国家战略向纵深发展，各种形式的创业培训正在如火如荼地开展着。

作为从联合国国际劳工组织引进的权威创业培训项目——SIYB 创业培训进入中国20 余年来，中国的创业培训经历了引进消化—学习推广—创新提高三个阶段，"马兰花"在中国播种、发芽、开花、结果，在全中国影响了成百上千万人，推动创业、带动就业掀起热潮，获得显著成效。

机缘巧合，我自 2008 年成为宁波第一批 SYB 创业培训讲师，迄今 13 年来，一直耕耘在 SYB 创业培训一线，培训了过万名学员，可以说，我亲身参与、见证了宁波创业培训的发展历程，感悟颇多。

创业计划书作为 SYB 创业培训中的一环，是对 SYB 创业培训整个流程的总结和成果检验，对于创业者至关重要。我在进行 SYB 授课时，总会对所有学员强调：欲想创业，必先计划。

宁波的 SYB 创业培训走过 10 多年的历程，无论是学员培训人数，还是培训后的创业人数，应该说都取得了不俗的业绩，但美中不足的是，传统的 SYB 计划书枯燥、单调、不易教学，且作为创业培训重要成果体现的创业计划书，多年来一直都是纸质书写，不易保存，大多散落在培训机构或学员手中，无法集中留存、展示，殊为遗憾。

此次，由宁波市人才培训中心牵头编著的《SYB 创业实训之计划书》一书，集数十位宁波创业培训领域的资深专家、高校教师之力，历时一年多，终于付梓。

本书创造性地将商业模式"画布"九大模块，与 SYB 创业计划书的十部分内容加以巧妙糅合，自成一体，让学员在情境任务中，既可学习创业理论，又可在网上实训操作，避免了教学中的单调、枯燥，并最终水到渠成，形成创业计划书，在网上提交，操作简便，趣味性强，便于教学。同时，本书对于 SYB 创业培训的计划书案例进行了汇集、积累，是一个极佳的创新工具，解决了创业计划书不易集中留存、展示的痛点，也为创业计划书的精选、汇编奠定了良好基础，在全国属首创。

创业不易，创业培训之路同样任重道远。"工欲善其事，必先利其器"，本书为 SYB 创业培训的实施提供了有力武器，必将助力创业培训取得更好实效。

衷心祝愿创业培训领域的这一创新工具能造福更多的创业者！也期待有更多的创新工具不断涌现，为"双创"大业加油助力！

（忻志伟　浙江众创未来孵化器企业管理有限公司总经理）

目 录
Contents

导 言　创业计划书认知 / 001

第一部分　创业的概念 / 002
第二部分　创业时代 / 003
第三部分　创业计划书 / 004

任务一　客户细分和核心资源 / 010

第一部分　知识准备 / 011
第二部分　实训操作 / 023

任务二　关键业务与价值主张 / 025

第一部分　知识准备 / 026
第二部分　实训操作 / 030

任务三　渠道通路 / 042

第一部分　知识准备 / 043
第二部分　实训操作 / 048

任务四　客户关系和重要伙伴 / 050

第一部分　知识准备 / 051
第二部分　实训操作 / 059

任务五 **成本结构** / 066

第一部分　知识准备 / 067
第二部分　实训操作 / 077

任务六 **收入来源** / 085

第一部分　知识准备 / 086
第二部分　实训操作 / 092

案　例 **创业计划书填写示例** / 102

附　录 **政策汇编** / 116

参考文献 / 133

创业计划书认知 导言

第一部分 创业的概念

创业作为经济的引擎,已成为21世纪全球关注的焦点。什么是"创业"?从字面上看,"创"意为始,"业"乃事业。因此,《现代汉语词典》对创业的解释:创业乃创办事业。创业(Entrepreneurship)的古典含义是:发现别人不曾发现的机会,并将这一机会变为获利生意的过程。目前,我们对创业概念的理解需进一步深化,可从下面几方面理解:

(1) 当代创业的概念已经从个体发现商机而创建企业这一古典创业定义,发展到公司范畴的组织创业,即由组织而非个人表现出来的创业特征和常态行为。但是"个体创建企业"仍是创业中最基本、最活跃、最吸引人和最具生命力的部分。

(2) 创业不是筹措一笔资金,注册一个公司;不是给公司起个名字、租个房子、挂个牌子;不是设置总经理、副总经理等。这些仅是创业的附属物,仅有这些还不是创业。创业概念的核心是发现商机、把握商机、运用商机创造商业模式,并且获得长久的商业利润。而在多变的市场环境下,企业若要获得长期的商业利润,就要不断地追求机会,创造价值和谋求发展,只有这样的企业才能够称为创业型企业,或称为具有创业精神的企业。

(3) "Entrepreneurship"既被译成创业又被译成创业精神或企业家精神。创业和创业精神既有联系又有区别。

创业强调的是个人或团队通过发现商机、把握商机、运用商机创建一个能够获得长久商业利润的企业;它以成功创建企业为目标,侧重创建企业的实践活动。创业精神强调的是个人、群体或组织,以创新和独特的方式追求机会、创造价值和谋求增长,而不顾及资源限制的精神;创业精神是意识、品质、人格,这种精神会体现在方方面面,而不仅仅以是否成功创建企业为标准。创业精神是基础,创业是实践,创业是创业者以创建自己的新企业的实际行为来展示创业精神。创业精神更广泛、更抽象地覆盖了创业,而创业更具体、更真实地体现了创业精神。

(4) 创业型企业的特征是不断追求机会、以创新为特征、以持续的成长和盈利能力为主要目标。因此,小企业或新企业不等同于创业型企业,事实上它们之间存在一些关键性的差异。小企业或新企业未必因其小或新就是创业型企业,一个创业型企业,意味着要不断地发现创新的机会,不断地追求成长。创新是创业型企业的主要特征,这一特征以"创造性的破坏"为过程,表现为一系列的改变、试验、改造、变革。

第二部分　创业时代

进入21世纪以来，创业与创业精神受到世人的广泛关注。美国创业学教育和研究的领袖人物之一的杰弗里·蒂蒙斯（Jeffry A. Timmons）是这样描述美国的创业革命的：在美国历史上，企业精神从来没有像现在这么生机勃勃。在过去的30年里，美国已经培养出了自1776年建国以来最具革命性的一代人，新的创业一代比其他任何一种推动力量更能决定美国和整个世界的生活、工作和学习方式，并将继续成为下一世纪或几世纪的领导力量。我国在过去的40年间，也经历了新中国成立以来最为剧烈的社会化变革，从20世纪70年代视生意为资本主义，到80年代鼓励一部分人先富起来，再到90年代由计划经济向市场经济过渡、全面改革开放，直到21世纪初的非公有经济和私人企业逐步成为主流，也成为我国最具活力的经济成分。伴随着人们观念不断地更新，人们的就业价值观也在不断地改变，创业已经悄然进入平常百姓家，成为国人的常态行为。

创新是民族之魂，是时代主题；创业是发展之基，是富民之本。随着我国经济进入新常态，党中央、国务院适时做出了"大众创业、万众创新"的重大战略部署。习近平总书记强调，"创新是社会进步的灵魂，创业是推动经济社会发展、改善民生的重要途径"。实践证明，广泛开展"大众创业、万众创新"，是培育和催生经济社会发展新动力的必然选择，是扩大就业、实现富民之道的根本举措，是激发全社会创新潜能和创业活力的有效途径。清华大学中国创业研究中心公布的中国GEM（Global Entrepreneurship Monitor，简称GEM）发布的2019/2020全球报告显示，来自35个国家超过40%的企业家同意或强烈同意他们的创业动机是改变世界。在印度、南非和危地马拉，希望改变世界的企业家比例最高，中国的这一比例为40%。在知识经济时代，产品市场的生命周期缩短，新事业、新产品的产生速度与创新成为时代竞争的焦点。产品生命周期缩短，意味着获利空间缩小，竞争的关键转向产品生命周期的前端，表现在快速进入和退出市场，迅速推出升级产品等方面，而这正是创业型企业的核心能力。可以说，创业已经成为21世纪的热点，我国正处于创业的活跃期。我们应该以具备创业精神和掌握创建创业型企业的能力来迎接一个前所未有的创业时代的到来，我们可以用表0-1评估自己对创业时代到来的准备情况。

表 0-1 创业准备的自我评估与规划表

评估指标	指标含义	自我评价
创业理念	对创业的知觉	1.不知道；2.知道但不感兴趣；3.知道并感兴趣；4.感兴趣但不敢创业；5.渴望成为创业者
择业理念	职业选择	1.只想就业（被雇佣）；2.找不到理想的职业再考虑创业；3.先就业有机会再创业；4.策划已久，自主创业
相关知识	与创业相关的知识	1.有一些专业知识；2.有一些管理知识；3.有一些商务知识；4.系统的学习过创业知识
相关技能	与创业相关的技能	1.具有较好的沟通技能；2.具有领导技能；3.具有创造技能；4.具有特殊技能
相关素质	创业者需要的素质	1.对成就有强烈愿望；2.对把握自己的命运有强烈自信；3.对风险有适度调节能力
相关经历	做生意的经历	1.家庭是做生意的；2.自己帮助家庭做过生意；3.自己做过生意；4.给别人打过工
自主能力	自主择业的能力	1.父母或家庭决定自己就业或创业；2.靠学校选择就业或创业；3.靠自己选择就业或创业

个人创业规划（你可以在以下方案中做出选择，规划你的未来，然后调动一切力量去实现它）

1. 毕业就创业的个人规划：

2. 为创业先就业的个人规划：

3. 不能就业再创业的个人规划：

4. 在就业的工作岗位上不断发扬创业精神的个人规划：

第三部分　创业计划书

一、创业计划书的概念

创业计划是指创业者为了实现创业战略所制定的具体的行动纲领和实施步骤。创业计划的内容包含了创业者对有关创业项目所有事项的系统安排，包括创业前景展望、各种资源的整合，以及经营思想、战略的确定等。创业计划是对新创企业创立之前的所有准备工作的总结和整合，是为实现创业战略而制定的完整、具体、深入的行动指南。新创企业的成长管理活动，包括融资、战略、营销、人力资源等在内的各个方面的管理活动，都可以在创业计划的指导下进行，因此，创业计划的制定对于创业过程意义重大。

创业计划书是详细阐述如何筹建企业的书面资料，是对创办企业过程中相关的所有事项进行总体安排的文件。其基本目标是：分析商机，说明创业者的基本思路和期望目标；分析并阐述创业者如何利用创业机遇进行发展；

分析说明影响创业成败的关键因素；分析并确定创业企业筹集资金的办法。

二、创业计划书的作用

创业计划书对于创业者在创业的征途上起到如下作用：

（1）创业计划书能帮助创业者明确创业目标。创业者将自己的创业想法以创业计划书的形式表现出来，可以冷静地分析自己的创业理想是否真正切实可行，明确自己的方向和目标，进而规划创业蓝图。

（2）创业计划书可以为企业的发展提供指导。创业计划书的内容涉及创业的类型、资金规划、阶段目标、财务计划、推销策略等方方面面，这些可以使创业者对产品开发、市场开拓、投资回收等重大的战略决策进行全面的思考，并在此基础上制定翔实的运营计划，周密地安排创业活动。

（3）创业计划书撰写更体现专业性，有利于寻求外部资源的支持。对于创业者，创业计划书的作用不仅表现为有利于与银行、投资人、政府行业管理部门等进行有效沟通，以便他们在较短的时间内对创业项目的具体情况有清晰、全面的了解，取得他们的信任和支持，为企业发展创造良好的外部环境，而且是争取各种政府利息与扶持政策待遇必不可少的通行证。

三、撰写创业计划书的基本原则

创业计划书作为一种具有国际惯例的标准性商务文件，撰写时要遵循以下原则：

（1）商务原则。商务活动的基本原则是求真务实，这一原则体现在商务计划书上，一是创业计划书中的内容是真实的，绝没有虚假成分；二是创业计划书是精练的，每一个字都是有用的，杜绝废话。

（2）投资人原则。创业计划书的主要读者是投资人，写创业计划书最主要的目的是使投资人读后愿意为该创业项目投资。因此，要从投资人的需要出发，考虑创业计划书撰写。例如，投资人如果是商人，那么他最关心的是投资回报率和项目的可行性；如果投资人是风险投资商，那么他最关心的是创业项目的商机和成长性；如果投资人是政府，那么它可能更关心的是投资的社会效益。总之，要从说服投资人的角度（即便投资人是自己），来思考创业计划书的内容、重点、数字、附件等。

（3）数字原则。创业计划书是一种商务文件，不是小说、散文或诗歌，不可以用虚构、华丽的辞藻，模棱两可的句子或以埋下伏笔、最后"抖包袱"的方式来撰写。创业计划书的语言是直截了当的，使用的句子是没有疑义的。在撰写中，要学会用数字来说话，用利润、成本、销售额等数字表明创业项目的商务价值。

（4）结构原则。创业计划书的结构是相对固定的，格式是相对统一的，基本已成为国际惯例。在撰写的过程中，要遵循文件的基本结构和格式，便于理解和交流。

四、撰写创业计划书的基本程序

一份创业计划书包括目录在内一般几十页，根据具体需要可长可短，但是过于冗长的创业计划书反而会让阅读者失去耐心，整个创业计划书撰写是一个循序渐进的过程，可以分成五个阶段完成。

第一阶段：创业构想细化。可以开展头脑风暴，提出创业计划的初步构想。

第二阶段：市场调研。与行业内的企业管理人员和专业人士进行接触，了解整个行业的市场状况。可以自行进行一些问卷调查，在必要时也可以求助市场调查公司。

第三阶段：竞争者调查。确定潜在竞争对手并分析本行业的竞争方向。例如，分销问题如何？形成战略伙伴的可能性？谁是潜在的盟友？准备一份1~2页的竞争者调查小结。

第四阶段：财务分析（包括对公司的价值评估）。必须考虑到所有的可能性，财务分析应量化本公司的收入目标和公司战略，要求详细且精确地评估实现公司正常运营所需的资金。

第五阶段：创业计划书撰写与修改。利用所收集到的信息制定公司未来的发展战略，将相关的信息按照上面提到的结构进行调整，完成整个创业计划书的写作。在计划完成以后仍然可以进一步论证计划的可行性，并根据信息的积累和市场的变化不断完善整个计划。

五、撰写创业计划书的基本要点

完成一份具有实际意义的创业计划书，使创业计划书实现其自身的价值，需要编写者做好充分的准备，并把握住编写的要点，具有说服力、有针对性的调研，利用数据、完备的营销计划和财务计划等是撰写创业计划书的关键点。为了确保创业计划书的作用得以发挥，创业者撰写创业计划书应该具备以下特点。

（一）重点突出，富有可行性

（1）具有潜在市场效益的创业想法。创业想法是否具有潜在的市场，关乎经营商机和收益，因此，这是投资者最关注的因素，创业计划书要使投资者相信企业有证明它的能力。

（2）具有战略意义的市场信息。创业计划书要给阅读者提供企业对目标市场的深入分析和理解，创业计划书中还应包括一个主要的营销计划及企业的销售战略。

（3）敢于竞争的创业决心。在创业计划书中，创业者应细致分析竞争对手的情况，要向投资者展示顾客偏爱本企业的原因、竞争对手给本企业带来的风险以及本企业所采取的对策。

（4）强大的管理队伍。将一个思想转化为一个成功的风险企业，其关键因素就是要有一支强有力的管理队伍。在创业计划书中，应首先描述整个管理队伍及其职责，再分别介绍每位管理人特点和造诣，创业计划书中还应明确管理目标以及组织机构图等。

（5）明确的行动计划。企业的行动计划应该是无懈可击的，明确的行动计划能坚定创业者和投资者的信心。

（6）极具吸引力的计划摘要。在创业计划书中，计划摘要的撰写也不容忽视，计划摘要是每一位阅读者首先要看的内容，具有先入为主的效应，创业者从创业计划书中摘录出阅读者最关心的细节进行高度凝练。

（二）文句通畅，逻辑明晰

创业计划书需要被所有阅读者所理解和领悟，才会谈及认可与否。首先，创业计划书应该具备索引和目录，以便阅读者可以较容易地查阅各个章节。其次，应保证创业计划书的目录和正文中信息流逻辑合理、真实可靠。再次，创业计划书是否在文法上全部正确，计划书的拼写错误和排印错误能很快使创业者的机会丧失，这些看起来无足轻重的细节体现了创业者的作风严谨与否。

（三）具有较强的说服力

创业计划书的目的之一是寻求外部资源的支持，要获得各种资源的支持就需要被认可，因此，创业计划书要有信服力。事实上，创业计划书的可信性决定了创业初期募集资金的成功与否，如何使创业计划书更具有说服力，需要注意以下几点：

（1）定性的市场把握。一份创业计划书若要被银行或其他投资商认可，首先需要对市场情况有全面明晰的把握。怎样才能说服他们注资，当创业计划书提供了他们需要的答案，满足了他们的愿望时，你就成功了。

（2）定量的数据支持。对市场的把握来自现实的数据支持，客观定量的数据分析更具有可信度和说服力。要获得现实的确凿有力的证据，要使创业计划取得他人的信任和支持，就需要踏踏实实地进行实际的调研。创业之初，有不少问题不够明确和具体，因此，就需要调研来予以确认，进行调研是从战略理念的高度完成创业计划书撰写工作。

（3）灵活的营销策略。灵活的营销策略要求识别顾客的需求和欲望，确定企业所能提供最佳服务的目标市场。营销计划也是创业计划书中不可或缺的重要组成部分，其作用在于让投资者相信创业企业的盈利能力，同时，还可以为企业未来的营销活动提供指导。营销计划的编写主要依据市场分析，在竞争分析的基础上，向投资者说明企业用于应付竞争的各种战略，然后总结市场分析结果并确定企业的销售目标，最后说明将采取怎样的措施实施这些战略。

（4）有效的财务计划。创业计划书的财务计划部分应该为潜在的投资人提供一份清晰的规划蓝图，即新创企业将如何使用已经拥有的持续经营所得以及投资人提供的资源。财务计划承担两大使命：一方面，通过财务分析进行财务预测，说明融资需求，以此为依托谈判融资的具体事宜；另一方面，通过财务分析揭示数据，向投资者展示创业企业未来财务状况和获利能力。需要注意的是，这部分内容的撰写需要很强的专业性，撰写者必须了解财务计划需要传递的一切信息，如果专业知识不足，创业者可以寻求财务人员协助完成。

六、创业计划书的框架和主要内容

创业计划书是创业者的指导手册、投资者的投资依据，创业计划确保创业者能够方向明确，并规划关键的人、财、物资源等，这是支撑创业者起步的关键。一份详细的创业计划书的框架一般由九个部分构成，这九个部分即是人们通常说的商业画布的九个关键点。

商业画布（Business canvas）是亚历山大·奥斯特瓦尔德提出的一种用来描述商业模式、可视化商业模式、评估商业模式以及改变商业模式的通用语言。商业模式画布由九个基本构造块构成，涵盖了客户、提供物（产品/服务）、基础设施和财务生存能力四个方面，可以方便地描述和使用商业模式来构建新的战略性替代方案。简单来说就是描述商业模式的框架，具体见表 0-2。

表 0-2　商业画布

重要合作（KP） （谁可以帮我）	关键业务（KA） （我要做什么）	价值主张（VP） （我怎样帮助他人）	客户关系（CR） （怎样和对方打交道）	客户细分（CS） （我有帮助谁）
	核心资源（KR） （我是谁，我拥有什么）		渠道通路（CH） （怎样宣传自己和交付服务）	
成本结构（CS） （我要付出什么）			收入来源（RS） （我能得到什么）	

（1）客户细分（Customer Segments，CS）：企业或机构所服务的一个或多个客户分类群体。

（2）价值主张（Value Propositions，VP）：通过价值主张来解决客户难题和满足客户需求。

（3）渠道通路（Channels，CH）：通过沟通、分销和销售渠道向客户传递价值主张。

（4）客户关系（Customer Relationships，CR）：在每一个客户细分市场建立和维护客户关系。

（5）收入来源（Revenue Streams，RS）：收入来源产生于成功提供给客户的价值主张。

（6）核心资源（Key Resources，KR）：核心资源是提供和交付先前描述要素所必备的重要资产。

（7）关键业务（Key Activities，KA）：通过执行一些关键业务活动，运转商业模式。

（8）重要合作（Key Partnership，KP）：有些业务要外包，而另外一些资源需要从企业外部获得。

（9）成本结构（Cost Structure，CS）：商业模式上述要素所引发的成本构成。

为了更好地说明商业画布的设计制作过程，现以苹果公司 iPod/iTunes 为例，展现商业画布的制作（表 0-3）。2001 年，苹果公司发布了对苹果而言有着标志性意义的便携式媒体播放器品牌 iPod。这一设备配合 iTunes 音乐管理软件共同使用，帮助用户实现了将音乐及其他播放内容从 iPod 转存到计算机。iTunes 软件还提供了与苹果在线商店的无缝连接，使用户可以直接购买并下载所需内容。这种硬件设备、软件与在线商店的强大组合迅速撼动了整个音乐产业，使苹果一跃占据了市场的主导地位。但苹果事实上并不是第一个将便携式媒体播放器推向市场的商家，其竞争者如帝盟多媒体（Diamond Multimedia）拥有 Rio 品牌的便携式媒体播放器，在被苹果超越之前一直是非常成功的。

表 0-3　苹果公司 iPod/iTunes 商业画布

重要合作（KP）	关键业务（KA）	价值主张（VP）	客户关系（CR）	客户细分（CS）
唱片公司 代工厂	硬件设计 市场营销	无缝 音乐体验	挚爱品牌 转移成本	大众市场
	核心资源（KR） 人力资源 苹果品牌 内容提供商及使用权合约 iPod 硬件 iTunes 软件		渠道通路（CH） 零售商店 苹果直营店 苹果网站（apple.com）	
成本结构（CS） 人力资源、生产制作、营销与销售			收入来源（RS） 大量硬件销售收益、部分音乐销售收益	

苹果是如何获得主宰市场的地位的呢？它拥有更优的商业模式。一方面，将 iPod 专有的功能设计和 iTunes 软件及 iTunes 在线商店相结合，为用户提供了无缝的音乐体验。苹果的价值主张就是让用户可以轻松地检索、购买及享受数字音乐。另一方面，要实现这样的价值主张，苹果必须与全部的主要唱片公司达成合作协议并创建世界上最大的在线音乐图书馆。

"良好的开端等于成功的一半"，当创业者根据自己创业的实际需要，精心撰写出清晰全面的、属于未来公司的创业计划书时，才能在创业的征途上留下有纲领价值和指导意义的里程碑，开始描绘创业的宏伟蓝图。现实中，在创业计划书实际撰写过程中，可以根据具体需要和撰写风格进行适当灵活的调整。事实上，本书的各项任务和平台操作各模块都是按照商业画布的九个关键点设计的，下文中将对各项任务和实训操作进行详细讲解。

任务一　客户细分和核心资源

任务一主要指向创业计划书的核心资源和客户细分两个模块。

第一部分 知识准备

一、市场细分

（一）市场细分的概念

市场细分（Market Segmentation）是指企业按照某种标准将市场上的顾客划分成若干个顾客群，每一个顾客群构成一个子市场，不同子市场之间，需求存在着明显差别。市场细分是选择目标市场的基础。市场营销在企业的活动包括细分一个市场并将它作为公司的目标市场，设计正确的产品、服务、价格、促销和分销系统"组合"，以满足细分市场内顾客的需求和欲望。

（二）市场细分的标准

消费者需求的差异性是市场细分的基本标准，而影响消费者需求的差异性的因素是多种的。市场细分的标准又叫作市场细分变数。细分消费者市场所依据的变数很多，可以概括为地理环境因素、人口统计因素、消费心理因素、购买行为因素四大类。

1. 地理环境因素

地理环境因素是市场细分的主要标准之一，即按照消费者所处的地理环境来细分市场，主要包括洲际、国别、区域、行政省市、城乡、地区、地形、气候、城市大小、人口密度、交通条件等。地理环境因素细分标准见表1-1。

表1-1 地理环境因素细分标准

划分标准	典型细分
地理区域	东北、华北、西北、华南等
气候	南方、北方、亚热带、热带、寒带等
密度	都市、郊区、乡村、边远等
城市规模（人口）	特大城市、大、中、小城市等；或0.5万人以下；0.5万~2万人；2万~5万人；5万~10万人；10万~25万人；25万~50万人；50万~100万人；100万~400万人；400万人以上

2. 人口统计因素

人口统计因素是指根据人口统计变量来细分市场，销售者可以以人口统计资料所反映的消费者自身特点的诸多因素作为细分标准，将市场划分成不同的群体。人口统计因素主要包括年龄、性别、收入、职业、教育、民族、宗教、家庭结构、家庭规模、家庭生命周期等。人口统计因素细分标准见表1-2。

表 1-2 人口统计因素细分标准

划分标准	典型细分
年龄	婴儿、学龄前儿童、学龄儿童、少年、青年、中年、老年等
性别	男、女
民族	汉、满、维、回、蒙、藏、瑶、土家、白族等
职业	职员、教师、科研人员、文艺工作者、企业管理人员、私营企业主、工人、离退休、学生、家庭主妇、失业者等
家庭收入/年	1 000 元以下、1 000~10 000 元、10 000~20 000 元、20 000~30 000 元、30 000~50 000 元、50 000 元以上等
家庭人口	1~2、3~4、5 人以上等
家庭生命周期	青年单身；青年已婚无小孩；青年已婚，小孩 6 岁以下；青年已婚，小孩 6 岁以上；已婚，儿女 18 岁以下；中年夫妇，老年夫妇，老年单身等
教育程度	小学以下、小学毕业、初中、高中、大学、研究生以上等
宗教	佛教、道教、基督教、天主教、伊斯兰教、犹太教等
种族	白色人种、黑色人种、黄色人种、棕色人种等
国籍	中国、美国、英国、新加坡等

3. 消费心理因素

消费者各自的心理因素会直接影响消费者的购买趋向，因此，可以按消费者心理因素细分市场。消费者心理因素主要包括消费者的人格特征、爱好、生活习惯、格调与方式、气质、社会阶层等。消费心理因素细分标准见表 1-3。

表 1-3 消费心理因素细分标准

划分标准	典型细分
生活方式	平淡型、时髦型、知识型、名士型等
人格特征	外向型或内向型、理智型或冲动型、积极性或保守型、独立型或依赖型等
社会阶层	上上层、上中层、上下层；中上层、中层、中下层；上下层、下层、下下层等

4. 购买行为因素

购买行为因素细分是指企业根据消费者对产品的认识与态度、使用与反映等行为来细分市场。购买行为因素细分标准见表 1-4。

表 1-4 购买行为因素细分标准

划分标准	典型细分
购买时机与频率	日常购买、特别购买、节日购买、规则购买、不规则购买等
追求的利益	低价、时髦、安全、刺激、新奇、豪华、健康等
使用者情况	从未使用者、曾经使用者、潜在使用者、初次使用者、经常使用者等
使用率	很少使用者、中度使用者、大量使用者
忠诚程度	完全忠诚者、适度忠诚者、无品牌忠诚者
态度	狂热、喜欢、无所谓、不喜欢、敌视等

二、目标市场选择

（一）目标市场的概念

目标市场是企业决定要进入或占领的市场。目标市场选择是指估计每个细分市场的吸引力程度，并选择进入一个或多个细分市场的过程。企业选择的目标市场应是那些企业能在其中创造最大顾客价值，并能够保持一段时间的细分市场。企业应根据自身资源状况和对各子市场发展潜力的评估合理选择细分市场，资源有限的企业可以选择只服务于一个或几个特殊的细分市场。

（二）目标市场选择标准

1．有一定的规模和发展潜力

企业进入某一市场是期望能够有利可图，如果市场规模狭小或者趋于萎缩状态，企业进入后难以获得发展，此时应审慎考虑，不宜轻易进入。当然，企业也不宜以市场吸引力作为目标市场选择的唯一条件，特别是应力求避免"多数谬误"，即与竞争企业遵循同一思维逻辑，将规模最大、吸引力最大的市场作为目标市场。共同争夺同一个顾客群的结果是，可能造成过度竞争和社会资源的无端浪费，同时，也可能使消费者一些本应得到满足的需求遭受冷落和忽视。现在国内很多企业动辄将城市尤其是大中城市作为其首选市场，而对小城镇和农村市场不屑一顾，很可能就步入误区，如果转换一下思维角度，一些经营尚不理想的企业说不定会出现"柳暗花明"的局面。

2．细分市场结构的吸引力

细分市场可能具备理想的规模和发展特征，然而从盈利的观点来看，它未必有吸引力。迈克尔·波特认为有五种力量决定整个市场或其中任何一个细分市场的长期内在吸引力。这五个群体分别是同行业竞争者、潜在的新参加的竞争者、替代产品、购买者和供应商。它们具有以下五种威胁性：

（1）细分市场内激烈竞争的威胁。如果某个细分市场已经有了众多的、强大的或者竞争意识强烈的竞争者，那么该细分市场就会失去吸引力。如果该细分市场处于稳定或者衰退，生产能力不断大幅度扩大，固定成本过高，撤出市场的壁垒过高，竞争者投资很大，那么情况就会更糟。这些情况常会导致价格战、广告争夺战，新产品推出，让公司参与竞争就必须付出高昂的代价。

（2）新竞争者的威胁。新竞争者在给行业带来新生产能力、新资源的同时，希望在已被现有企业瓜分完毕的市场中赢得一席之地，这就有可能会与现有企业发生原材料与市场份额的竞争，最终导致行业中现有企业盈利水平降低，严重的话还有可能危及这些企业的生存。新竞争者进入威胁的严重程度取决于两方面的因素，这就是进入新领域的障碍大小与预期现有企业对于进入者的反应情况。

进入障碍主要包括规模经济、产品差异、资本需要、转换成本、销售渠道开拓、政府行为与政策、不受规模支配的成本劣势、自然资源、地理环境等方面，这其中有些障碍是很难借助复制或仿造的方式来突破的。预期现有企业对进入者的反应情况，主要是采取报复行动的可能性大小，则取决于有关厂商的财力情况、报复记录、固定资产规模、行业增长速度等。

某个细分市场的吸引力随其进退难易的程度而有所不同。根据行业利润的观点，最有吸引力的细分市场应该是进入的壁垒高、退出的壁垒低。在这样的细分市场里，新的公司很难打入，但经营不善的公司可以安然撤退。如果细分市场进入和退出的壁垒都高，那里的利润潜量就大，但也往往伴随较大的风险，因为经营不善的公司难以撤退，必须坚持到底。如果细分市场进入和退出的壁垒都较低，公司便可以进退自如，然而获得的报酬虽然稳定，但不高。最坏的情况是进入细分市场的壁垒较低，而退出的壁垒却很高。于是在经济良好时，大家蜂拥而入，但在经济萧条时，很难退出。其结果是大家都生产能力过剩，收入下降。

（3）替代产品的威胁。如果某个细分市场存在着替代产品或者有潜在的替代产品，那么该细分市场就失去吸引力。替代产品会限制细分市场内价格和利润的增长。公司应密切注意替代产品的价格趋向。如果在这些替代产品的行业中技术有所发展，或者竞争日趋激烈，这个细分市场的价格和利润就可能会下降。

（4）购买者讨价还价能力加强的威胁。如果某个细分市场中购买者的讨价还价能力很强或正在加强，该细分市场就没有吸引力。购买者便会设法压低价格，对产品质量和服务提出更高的要求，并且使竞争者互相斗争，所有这些都会使销售商的利润受到损失。如果购买者比较集中或者有组织，或者该产品在购买者的成本中占较大比重，或者产品无法实行差别化，或者顾客的转换成本较低，或者由于购买者的利益较低而对价格敏感，购买者的讨价还价能力就会加强。销售商为了保护自己，可选择议价能力最弱或者转换销售商能力最弱的购买者。较好的防卫方法是提供顾客无法拒绝的优质产品供应市场。

（5）供应商讨价还价能力加强的威胁。如果公司的供应商（原材料和设备供应商）、公用事业、银行、工会等，能够提价或者降低产品和服务的质量，或减少供应数量，那么该公司所在的细分市场就会没有吸引力。如果供应商集中或有组织，或者替代产品少，或者供应的产品是重要的投入要素，或转换成本高，那么供应商的讨价还价能力就会强大。因此，与供应商建立良好关系和开拓多种供应渠道才是防御上策。

3．符合企业的目标和能力

一方面，某些细分市场虽然有较大吸引力，但不能推动企业实现发展目标，甚至会分散企业的精力，使之无法完成其主要目标，这样的市场应考虑放弃。另一方面，应考虑企业的资源条件是否适合在某一细分市场经营。只有选择那些企业有条件进入、能充分发挥其资源优势的市场作为目标市场，企业才会立于不败之地。

（三）目标市场营销策略

企业通过市场细分，从众多的细分市场中，选择出一个或几个具有吸引力、有利于发挥企业优势的细分市场作为自己的目标市场，综合考虑产品特性、竞争状况和自身实力，针对不同的目标市场选择营销策略。目标市场营销策略主要有无差异性营销策略、差异性营销策略、集中性营销策略三种（图1-1）。

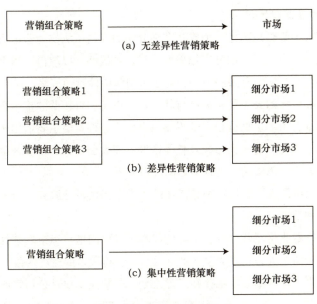

图1-1 目标市场营销策略

1. 无差异性营销策略

无差异性营销策略是将整个市场作为一个大目标开展营销，强调消费者的共同需要，忽视其差异性。采用这一策略的企业，一般都是实力强大采用大规模生产的方式，又有广泛且可靠的分销渠道，以及统一的广告宣传方式和内容。

采取无差异性营销策略的优点是：大批量的生产和储运，必然会降低单位产品的成本；无差异的广告宣传等促销活动可以节省大量成本；不进行市场细分，也相应减少了市场调研、产品研制等所要耗费的人力、物力和财力。但是这种市场策略也存在许多缺点，即这种策略对大多数产品是不适用的。特别是在网络市场中，客户需求趋于个性化，正因为如此，网络市场中采用无差异性营销策略的企业几乎没有。

2. 差异性营销策略

差异性营销策略通常是将整体市场划分为若干细分市场作为其目标市场，针对不同目标市场的特点，分别制定出不同的营销计划，按计划生产目标市场所需要的商品，满足不同消费者的需要。

这种策略适用于小批量、多品种生产公司，日用消费品中绝大部分商品均可采用这种策略选择目标市场。在消费需求变化迅速、竞争激烈的当代，大多数公司都积极推行这种策略。其优点主要表现在：有利于满足不同消费者的需求；有利于公司开拓网络市场，扩大销售，提高市场占有率和经济效益；有利于提高市场应变能力。差异性营销在创造较高销售额的同时，也增大了营销成本、生产成本、管理成本、库存成本、产品改良成本及促销成本，使产品价格升高，失去竞争优势。因此，公司在采用此策略时，要权衡利弊，即权衡销售额扩大带来的利益大，还是增加的营销成本大，进行科学决策。例如，宝洁公司根据客户需求和自身产品特点，将旗下 300 多种产品细分为 72 个细分市场，并为每一个细分市场开设了独立的网站和实施独立的网络营销策略。

3．集中性营销策略

集中性营销策略是选择一个或几个细分化的专门市场作为营销目标，集中企业的优势力量，对某细分市场采取攻势营销战略，以取得市场上的优势地位。一般说来，实力有限的中小企业多采用集中性营销策略。

实施这种策略的公司要考虑：与其在整个市场拥有较低的市场占有率，不如在部分细分市场上拥有很高的市场占有率。这种策略主要适用于资源有限的小公司。因为小公司无力顾及整体市场，而大公司又容易忽视某些小市场，所以易取得营销成功。这种策略的优点如下：

（1）公司可深入了解特定细分市场的需求，提供较佳服务，有利于提高企业的地位和信誉。

（2）实行专业化经营，有利于降低成本。只要网络目标市场选择恰当，集中性营销策略常为公司建立坚实的立足点，获得更多的经济效益。

但是，集中性营销策略也存在不足之处，其缺点主要是公司将所有力量集中于某一细分市场，当市场消费者需求发生变化或者面临较强竞争对手时，公司的应变能力有限，经营风险很大。公司可能陷入经营困境，甚至倒闭。因此，使用这种策略时，选择网络目标市场要特别注意竞争对手的变化，建立完善的客户服务体系，防止客户流失。

（四）目标客户描述

对于目标顾客的描述与分析，应写公司针对的目标顾客是什么定位，顾客具体年龄段是什么，确定自己的顾客应是什么收入群体，有什么喜好，会有什么需求和兴趣点等。

三、市场定位

（一）市场定位的概念

市场定位就是企业从各个方面为产品创造特定的市场形象，并通过市场营销组合策略将这种形象迅速而准确地传递给目标顾客，以求在目标顾客心目中形成一种特殊的偏爱。

（二）市场定位的步骤

市场定位的关键是企业要设法在自己的产品上找出比竞争者更具有竞争

优势的特性。竞争优势一般有两种基本类型：一是价格竞争优势，就是在同样的条件下比竞争者定出更低的价格，这就要求企业采取一切措施来降低单位成本；二是偏好竞争优势，即能提供确定的特色来满足顾客的特定偏好，这就要求企业采取一切措施在产品特色上下功夫。因此，企业市场定位的全过程可以通过以下三大步骤来完成。

1. 识别潜在竞争优势

这一步骤的中心任务是要回答以下三个问题：

（1）竞争对手产品定位如何？

（2）目标市场上顾客欲望满足程度如何以及还需要什么？

（3）针对竞争者的市场定位和潜在顾客的真正需要的利益要求，企业应该能够做什么？

要回答这三个问题，企业市场营销人员必须通过一切调研手段，系统地设计、搜索、分析并报告有关上述问题的资料和研究结果。通过回答上述三个问题，企业就可以从中把握和确定自己的潜在竞争优势在哪里。

2. 核心竞争优势识别

竞争优势表明企业能够胜过竞争对手的能力。这种能力既可以是现有的，又可以是潜在的。选择竞争优势实际上就是一个企业与竞争者各方面实力相比较的过程。比较的指标应是一个完整的体系，只有这样，才能准确地选择相对竞争优势。通常的方法是分析、比较企业与竞争者在经营管理、技术开发、采购、生产、市场营销、财务和产品七个方面究竟哪些是强项，哪些是弱项。借此选出最适合本企业的优势项目，初步确定企业在目标市场上所处的位置。

3. 战略制定

战略制定的主要任务是企业要通过一系列的宣传促销活动，将其独特的竞争优势准确传播给潜在顾客，并在顾客心目中留下深刻印象。

首先，应使目标顾客了解、知道、熟悉、认同、喜欢和偏爱本企业的市场定位，在顾客心目中建立与该定位相一致的形象。其次，企业通过各种努力强化目标顾客形象，保持目标顾客的了解，稳定目标顾客的态度和加深目标顾客的感情来巩固与市场相一致的形象。再次，企业应注意目标顾客对其市场定位理解出现的偏差或由于企业市场定位宣传上的失误而造成的目标顾客模糊、混乱和误会，及时纠正与市场定位不一致的形象。企业的产品在市场上定位即使很恰当，但在下列情况下，还应考虑重新定位：

（1）竞争者推出的新产品定位于本企业产品附近，侵占了本企业产品的部分市场，使本企业产品的市场占有率下降。

（2）消费者的需求或偏好发生了变化，使本企业产品销售量骤减。

重新定位是指企业为已在某市场销售的产品重新确定某种形象，以改变消费者原有的认识，争取有利的市场地位的活动。如某日化厂生产婴儿洗发剂，以强调该洗发剂不刺激眼睛来吸引有婴儿的家庭。但随着出生率的下降，销售量减少。为了增加销售，该企业将产品重新定位，强调使用该洗发剂能使头发松软有光泽，以吸引更多、更广泛的购买者。重新定位对于企业适应市场环境、调整市场营销战略是必不可少的,可以视为企业的战略转移。重新定位可能导致产品的名称、价格、包装和品牌的更改,也可能导致产品用途和功能上的变动,企业必须考虑定位转移的成本和新定位的收益问题。

(三)市场定位方法

企业进行市场定位,在市场上树立鲜明的形象,以求与竞争者的差异。从某种意义上讲,定位是差异化的继续,是差异化的目标。市场定位方法,即差异化可以从以下三个方面去寻找、突破。

1. 产品实体差异化

产品实体差异化是指企业生产的产品在质量、性能上明显优于同类产品的生产厂家,从而形成独自的市场。对于同一行业的竞争对手来说,产品的核心价值是基本相同的,所不同的是在性能和质量上,在满足顾客基本需求的情况下,为顾客提供独特的产品是差异化战略追求的目标。以我国冰箱企业为例,海尔集团为适应国内小面积住房的情况,生产出了小巧玲珑的小小王子冰箱;美菱集团为满足一些顾客对食品卫生的要求,生产出了美菱保鲜冰箱;而新飞以省电节能作为自己服务的第一任务。所有这些使三家企业形成了鲜明的差异,从而吸引了不同的顾客群。

2. 服务差异化

服务是一种无形的产品,是维系品牌与顾客关系的纽带,随着产品同质化程度的不断加剧,缔造优质的品牌服务体系,为顾客提供满意的服务成为企业差异化品牌战略的重要武器。在当今的经济形势下,未来的企业竞争就是服务竞争,服务体系的完善程度、服务质量的优劣程度以及由此带来的顾客对品牌的综合满意程度,将成为评价企业未来竞争力强弱的重要标准。服务是企业蓄积品牌资产的重要平台。随着人们需求层次的不断提高,对服务的要求也水涨船高。在产品同质化现象极为严重的今天,服务已经成为企业寻求差异化竞争优势的有效手段。

戴尔公司(Dell)的兑现顾客服务承诺的核心能力成为支撑戴尔成为世界顶级公司之一的有力武器。戴尔公司从运作开始就基于一个非常简单的原理,即通过直接交易,更好地预期、理解和关注客户的需求,并为其面临的挑战提供解决方案。戴尔的客户也发现了戴尔直接业务模式带来的优势,并未局限于其提供的产品,而是扩展到戴尔提供的服务解决方案上。直接模式还使戴尔得以提供范围广泛的服务,以满足客户的主流服务需求。凭借在拥有和管理整个新产品供应链方面的能力,戴尔在整个过程中的集成和提供端到端服务方面具有独一无二的地位。

3. 形象差异化

形象差异化即企业实施通常所说的品牌战略和CIS(Corporate Identity System)战略而产生的差异。企业通过强烈的品牌意识、成功的CIS战略,借助媒体的宣传,在消费者心目中树立起优异的形象,从而使消费者对该企业的产品发生偏好。例如,海尔公司的一句"海尔真诚到永远",并佐以优良的产品质量,自然就会产生真诚可信的形象;雀巢公司虽然是国际著名的大公司，却始终以平易近人的姿态宣传自己的一句"味道好极了"，让人感到像小鸟入巢般的温馨。如果说企业的产品是以内在的气质服务顾客的话，那么企业的形象差异化策略就是用自己的外在形象取悦消费者，形成不同凡响的自身特征。

四、竞争者分析

市场竞争取胜的首要保证，是要了解对竞争对手。企业制定市场竞争策略的一个中心任务就是了解竞争对手，预测竞争对手可能采取的行动策略，估计竞争对手对本企业市场竞争行为可能做出的反应等，这样才能制定相应的策略，才能有必胜的把握。实践证明，了解对手就要掌握其相关信息，实践中掌握竞争对手的相关信息本身就是一项有挑战性的工作。竞争对手有意隐瞒信息或散布虚假信息，常常会导致对竞争对手的深入分析陷入困境，所以对市场竞争者的准确分析就具有特别重要的意义。

（一）识别竞争者

竞争者在市场经济中客观存在，对于企业来说，通常不能轻易识别和辨认竞争者。竞争有狭义和广义之分，狭义的竞争者指的是现实的、直接的竞争者，是生产、经营与本企业提供的产品相似的或可以互相替代的产品、以同一类顾客为目标市场的其他企业；而广义的竞争者来自多方面，企业与顾客、供应商之间，都存在某种意义上的竞争关系。

虽然竞争者是一种客观存在，但企业通常不能轻易地发现自己所有的竞争者。一般来说，企业能够直接感受到现实竞争者的存在，却往往不能够准确地把握哪些企业是自己的潜在竞争者。而潜在的竞争对手也许要比现实的竞争对手更具威胁性。企业可从以下三个方面发现竞争者。

1. 从本行业角度发现竞争者

提供同一类产品或服务的企业，或者提供可相互替代的产品的企业，构成一个行业，如汽车行业、家电行业、食品行业、运输行业等。由于同行业之间产品的相似性和可替代性，彼此之间形成了竞争关系。因此，首先从本行业出发发现竞争者。在本行业内部由于价格、质量和其他的差异等各种因素的影响，产品的销量可能出现此升彼降的现象。因此，企业需要全面、透彻地了解本行业的竞争状况，发现强劲的竞争者。

2. 从市场和消费者角度发现竞争者

企业还可以从市场和消费者需求的角度出发来发现竞争者。这样，凡是满足相同的市场需求或者服务于同一目标市场的企业，无论是否属于同一行业，都可能是企业潜在的竞争者。例如，从消费者交通出行的需求看，乘汽车、坐火车、坐飞机、骑自行车和电动车、自驾都能满足消费者出行的需求，这些分属于不同的行业，它们之间形成了竞争。从满足消费者需求的角度出发来发现竞争者，可以开拓企业的思路，从更广泛的角度认识企业现实的和潜在的竞争者。

3. 从市场细分角度发现竞争者

为了更好地发现竞争者，企业应当结合行业和市场两个方面，从产品细分和市场细分的角度进行分析。企业要估计各细分市场的容量、现有竞争者的市场占有率，以及各竞争者当前的实力，在各细分市场确定市场目标与策略。

（二）分析竞争者的目标和战略

1. 竞争者的市场目标

考察竞争对手的市场目标具有特别重要的意义。企业在不同时期和不同发展阶段制定的目标和目标组合是不同的。通过了解竞争者的目标，可以借此了解竞争者目前的市场地位、经营状况、财务状况及其对自己的状况是否满意，并可以推断这个竞争对手的策略及发展动向及其对外部环境因素的变化或其他企业竞争策略的反应。

企业的战略目标多种多样，如获利能力、市场占有率、现金流量、成本降低、技术领先、服务领先等，每个行业都有不同的侧重点和目标组合。了解竞争者的战略目标及其组合可以判断他们对不同竞争行为的反应。例如，一个以低成本领先为目标的企业对竞争企业在制造过程中的技术突破会做出强烈的反应，而对竞争企业增加广告投入不太在意。

竞争者的目标由多种因素确定，包括企业的规模、历史、经营管理状况、经济状况等。

2. 判断竞争者的战略

竞争对手会采取什么样的竞争战略，对于企业制定竞争战略具有重要意义。竞争者之间可能采取不同的战略，也可能采取相似的战略。战略的相似度越高，竞争就越激烈。企业通常采用价格竞争和非价格竞争两种基本竞争形式。

价格竞争是指企业运用价格手段，通过价格的提高、维持或降低，以及对竞争者定价或变价的灵活反应等，来与竞争者争夺市场份额的一种竞争方式；价格竞争是市场运作中不可避免的一种经济规律，关键在于如何根据自身的资源及所处的环境采取有效的措施，使企业在竞争中生存与发展；价格竞争是竞争对手易于仿效的一种方式，很容易招致竞争对手以牙还牙的报复，以致两败俱伤，最终不能提高经济效益。以削价为手段，虽然可以吸引顾客于一时，但一旦恢复正常价格，销售额也将随之大大减少。如果定价太低，往往迫使产品或服务质量下降，以致失去买主，损害企业形象。

价格竞争往往使资金力量雄厚的大企业能继续生存，而资金短缺、竞争能力弱的小企业将蒙受更多不利。因此，在现代市场经济条件下，非价格竞争已逐渐成为市场营销的主流。非价格竞争即价值竞争，就是为顾客提供更好、更有特色，或者更适合各自需求的产品和服务的一种竞争。随着社会经济的发展和人们生活水平的提高，需求的个性化、差异化、多样化、层次化、动态化已逐步成为当今市场消费的基本特征。非价格竞争可以通过了解消费者需求的变化，按照消费者潜在的和现实的需求不断改进产品，改进营销策略，以丰富多彩的竞争手段和形式，满足消费者的消费需求，应付竞争者的挑战。非价格竞争也可以通过产品升级、技术革新、质量改良、品牌建树、超值服务等多种手段来吸引消费者，以达到扩大产销量的目的。

（三）评估竞争者

评估竞争者可分为三步进行。

1. 收集信息

收集竞争者业务上最新的关键数据，主要有销售量、市场份额、心理份额、情感份额、毛利、投资报酬率、现金流量、新投资、设备能力利用等。收集信息的方法是查找第二手资料和向顾客、供应商及中间商调研，从而拿到第一手资料。

2. 分析评价

收集有关竞争者的情报资料是一件相当困难的事，但还是要为此做出努力，因为这有助于对竞争者的优势与劣势进行较为准确的估计，帮助企业做出向谁挑战、怎样挑战的决策。在收集到足够的情报资料后，就必须利用分析比较的方法对竞争者进行评价。

每位竞争对手能否有效地实施其战略并达到目标，取决于他们的资源与能力、优势与弱点。企业可通过比较每位竞争者过去的重要业务数据，如销售额、市场占有率、投资收益率、生产能力等分析其优势和不足，也可通过向中间商、顾客调查来了解竞争者的实力，还可跟踪调查竞争者的各项财务指标的变化情况，特别是根据其利润率和资金周转速度的变化来加以比较和分析。

3. 评估优势和劣势

竞争者的优势和劣势通常体现在以下几个方面：

（1）产品：地位、适销性、产品组合。

（2）营销和渠道：广度和宽度、效率和实力、服务能力；营销的水平、能力、研发和销售。

（3）生产和经营：规模经济、设备状况等因素所决定的生产规模与生产成本，设施与设备的技术先进性与灵活性，专利与专有技术，生产能力的扩展，质量控制与成本控制，区位优势，员工状况，原材料的来源与成本。

（4）研究与开发能力：企业内部在产品、工艺、基础研究、仿制等方面所具有的研究与开发能力，研究与开发人员的创造性、可靠性、简化能力等方面的素质与技能。

（5）资金实力：资金结构、筹资能力、现金流量、资信度、财务比率、财务管理能力。

（6）组织和管理能力：企业组织成员价值观的一致性与目标的明确性，组织结构与企业策略的一致性，组织结构与信息传递的有效性，组织对环境因素变化的适应性与反应程度，组织成员的素质，企业管理者的领导素质和能力。

五、企业优劣势分析

企业优势和劣势分析实质上就是企业内部经营条件分析，或称为企业实力分析。

优势是指企业相对于竞争对手而言所具有的优势，如人力资源、技术、产品以及其他特殊实力。充足的资金来源、高超的经营技巧、良好的企业形象、完善的服务体系、先进的工艺设备、与买方和供应商长期稳定的合作关系、融洽的雇员关系、成本优势等，都可以形成企业优势。

劣势是指影响企业经营效率和效果的不利因素与特征，它们使企业在竞争中处于劣势地位。一个企业潜在的弱点主要表现在以下几方面：缺乏明确的战略导向、设备陈旧、盈利较少甚至亏损、缺乏管理知识、缺少某些关键的技能、内部管理混乱、研究和开发工作落后、企业形象较差、销售渠道不畅、营销工作不得力、产品质量不高、成本过高等。

六、创业理由

也许每位创业者的网络创业理由都不同，以下列举了一些选择互联网创业的普遍理由：

（1）网络创业首先可以摆脱传统行业朝九晚五的束缚，一台计算机、一根网线，足不出户，轻松创业。

（2）网络创业时间可以自己支配，有时间陪伴和照顾家人。家庭、事业两不误。

（3）网络创业人脉广，无论推广还是分享事业，效率都非常高。用最短的时间实现收入倍增。

（4）网络创业是趋势，是朝阳产业。如今互联网已经由一个概念变成了一个职业。

（5）网络创业投资成本小。容易操作，不需要东奔西跑，不需要租店面和招聘管理员工。

（6）网络创业可以实现随时随地沟通，让生意无处不在。

（7）网络创业可以实现高品质、智能化的理想生活。

（8）网络创业可以摆脱传统行业竞争，为越来越多的人提供就业机会和创富梦想。

七、企业愿景

企业愿景是指企业所有成员追求的愿望和共同的景象。公司使命建立在企业愿景基础之上，用以阐述企业组织的根本性质与存在理由。公司目标是公司使命的具体化。公司使命通常比较抽象，展示公司的主要战略方向，这是公司战略定义现代概念应变性、竞争性和风险性的具体体现，包含公司目的、公司宗旨和经营哲学。企业要思考三个问题：第一个问题，我们的企业是什么？第二个问题，我们的企业将是什么？第三个问题，我们的企业应该是什么？这也是思考企业文化的三个原点，这三个问题集中起来体现了一个企业的愿景。

第二部分　实训操作

【实训主题】

客户细分与核心资源。

【实训目标】

分析竞争市场，确定目标客户。

【实训准备】

（1）学员在导师的指导下完成"鹿小姐的花艺境地"项目核心资源中的各项任务。

（2）学员在导师的指导下完成"鹿小姐的花艺境地"项目客户细分中的各项任务。

【实训内容】

（1）学员在实际的商业环境中，完成自选项目核心资源任务中的实景能力训练，明确竞争对手的优势、劣势，以及自己企业的优势、劣势。

（2）学员在实际的商业环境中，完成自选项目客户细分任务中的实景能力训练，明确目标客户，企业提供的产品和服务，销售方式及选择原因。

【实训流程和要求】

学员登录网站 http：//www.nbbofu.com/person/login.html，进入 SYB 创业实训页面，输入账号和密码，进入创业计划书撰写页面（图1-2、图1-3）。

（1）在图1-3中找到KR（核心资源），单击进入。

（2）进入后，请填写下述提问：

1）你有创业经验吗？请写出创业项目和时间。

2）你的教育背景、所学的相关课程及其时间？

3）竞争对手的主要优势是什么？

4）竞争对手的主要劣势是什么？

图1-2　网站登录

图 1-3 创业计划书撰写页面

5）本企业相对于竞争对手的主要优势有哪些？

6）本企业相对于竞争对手的主要劣势有哪些？

填写完这些问题后，最后核对答案并单击"确认"按钮提交，这部分任务完成。

（3）回到图 1-3，找到 CS（客户细分），单击进入。

（4）进入后，请填写下述提问：

1）请对你的目标客户进行描述。

2）你准备将产品和服务销售或者提供给什么群体？

3）选择该销售方式的原因是什么？

填写完这些问题后，最后核对答案并单击"确认"按钮提交，这部分任务完成。

【实训总结评价】

对市场进行有效细分后进行目标市场选择，确定自己的目标顾客，对市场的竞争对手进行优劣势分析，并结合自己的优劣势分析，为制定营销策略奠定基础。

关键业务与价值主张

任务二

任务二主要指向创业计划书的关键业务和价值主张两个模块。

第一部分 知识准备

一、关键业务

每一个商业模式都有着一系列的关键业务。这些业务是一个企业成功运营所必须采取的最重要的行动。同核心资源一样，它们是企业为创造和提供价值主张、获得市场、维系客户关系及获得收益所必需的，并且同核心资源一样，关键业务（Key Activities）也因不同的商业模式类型而异，例如，对于软件商微软而言，关键业务就是软件开发；对于个人计算机生产商戴尔（Dell）而言，关键业务则包含了供应链管理；对于咨询公司麦肯锡而言，关键业务是解决方案的提供。

关键业务模块描述的是保障其商业模式正常运行所需做的最重要的事情。关键业务可以分为以下几类。

1．生产

生产活动涉及以较大的数量或上乘的质量设计、制造及分销产品。生产活动在制造企业的商业模式中占支配地位。

2．解决方案

解决方案的关键活动是为个体客户的问题提供新的解决方案。例如，咨询公司、医院及其他服务性机构的运营，就是典型的受解决问题相关的活动支配的例子。这类商业模式需要的活动包括知识管理及持续的培训等。

3．平台/网络

在将平台作为关键资源的商业模式中，与平台及网络相关的关键活动占据着支配地位。网络、配对平台、软件甚至品牌都可以发挥平台的作用。例如，易贝（eBay）的商业模式要求企业不断地发展和维护它们的平台——易贝的网站eBay.com；维萨（Visa）公司为Visa信用卡的商家、持卡人及银行之间搭建交易平台，该公司的商业模式要求公司的关键活动与该平台相关；微软的商业模式要求其对其他商家的软件和Windows操作系统的交互界面进行管理，这个类型的关键活动涉及平台管理、新服务的启动及平台的升级。

二、价值主张

价值主张（Value Propositions）模块描述的是为某一客户群体提供能为其创造价值的产品和服务。价值主张是客户选择一家公司而放弃另一家公司的原因，它解决了客户的问题或满足其需求。每一个价值主张就是一个产品和（或）服务的组合，这一组合迎合了某一客户群体的要求，从这个意义上说，价值主张就是一家公司为客户提供的利益的集合或组合。

价值主张可以是创新性的，并带来一种新的或革命性的产品或服务，也可以是与既有的产品或服务相似，但增添了新的特点和属性。一个价值主张通过针对某个群体的需求定制一套新的元素组合来为该群体创造价值，所创造的价值可以是数量上的（如价格、服务响应速度等），也可以是质量上的（如设计、客户体验）。

以下是一份对有益于客户价值创造的因素的不完全罗列，我们在进行创业计划书设计时可以借鉴参考。

（一）顾客需求

顾客需求是指顾客的目标、需要、愿望及期望。根据马斯洛的需求层次理论，人类的需求层次由低到高依次为生理、安全、社交、自尊、自我实现，较低层次需求的满足是实现较高层次需求的基础。任何社会经济时代的产生和发展，都是生产力发展和人类需求不断升级、创新及其相互作用的产物。21世纪进入"微创新"时代，顾客需求更加成为企业产品"微创新"主要创作依据的来源。

（二）创新

有的价值主张满足的是客户之前未曾察觉的全新的需求，因为之前并没有类似的产品或服务存在。这一类经常但并非总是与科技相关，如手机，在移动通信中创造了一个新的产业。另外，诸如合乎伦理的投资基金之类的产品就无关乎新科技。

（三）性能

改进产品或服务的性能是一项传统而普遍的创造价值的方式。个人计算机产业一直以来采用这种方式，即不断向市场提供性能更加强大的计算机，但增进性能是有局限性的。例如，近几年个人计算机在计算速度、存储空间和制图能力方面的改进，已经无法拉动客户需求的增长了。

（四）定制

针对某些客户或客户群体的某项需求提供定制的产品或服务能够创造价值。最近几年，大规模定制（Mass Customization）和客户参与创造（Co-creation）的生产方式凸显了其重要性，这种方式在提供了定制化的产品或服务的同时，也保持了生产规模化的经济性。

（五）保姆式服务

简单地帮客户完成任务也可以创造价值。劳斯莱斯公司就非常了解这一点：作为它们的客户，各家航空公司飞机引擎的制造和维护由它们全权负责，这样的安排使航空公司得以专心于航线管理。作为回报，劳斯莱斯公司的飞机引擎是按小时收费的。

（六）产品卖点

能够吸引消费者眼球的独特利益点，也是广告的诉求点和产品独特的卖点。20世纪50年代初美国人罗瑟·里夫斯提出USP理论，意思是"独特的销售主张"。他的意思是说：一个广告中必须包含一个向消费者提出的销售主张，这个主张要具备三个要点：

（1）利益承诺：强调产品有哪些具体的特殊功效和能给消费者提供哪些实际利益。

（2）独特：这是竞争对手无法提出或没有提出的。

（3）强而有力：必须聚焦在一个点上，能够集中打动、感动和吸引消费者。

（七）设计

设计是一个重要但很难量化的元素。一个产品可能由于其出色的设计而脱颖而出。如在时尚产业和消费电子产业，设计对于价值主张而言尤其重要。

（八）品牌／地位

客户可以简单地通过使用和展示某一品牌而获得价值。例如，佩戴一块劳力士手表，彰显了财富。此外，滑板玩家会穿着某新锐品牌的最新款来显示他们的时尚。

（九）价格

以更低的价格提供相同的价值是满足价格敏感型客户群体需求的普遍方式，但低价格主张对于商业模式的其他模块都有着重要的影响。如西南航空公司、易捷航空公司（Easyjet）和瑞安航空公司（Ryanait）等低价航空公司都专门设计了一整套商业模式来实现低成本飞行。另一个基于价格的价值主张的例子就是Nano，一款由印度塔塔集团设计和生产的汽车，这款汽车以其惊人的低价催生了印度一个全新的私家车主群体。另外，越来越多的免费产品和服务正在向各种各样的产业渗透，免费产品包括免费的新闻、免费的邮箱服务、免费的手机服务和很多其他的免费服务。

1．成本价

成本价是指企业取得存货的入账价值，存货成本包括采购成本、加工成本和其他成本。其中，采购成本一般包括采购价格、进口关税和其他税金，运输费、装卸费、保险费及其他可以直接归属到存货采购的费用。存货的加工成本包括直接人工和按照一定的方法分配的制造费用。其他成本是指除采购成本、加工成本外的，使存货达到目前场所和状态所发生的其他支出，如为特定客户设计产品所发生的设计费，生产过程中投入的其他辅助材料费用，生产过程中设备的折旧费，水、电、气等其他与生产有关的费用。

2．销售价

当企业价格目标确定之后，第二步就要制定一个价格范围或相当具体的价格，此时需要运用恰当的定价方法。根据定价目标确定产品基本价格范围的技术思路，常见的定价方法有成本导向、竞争导向、需求导向三种。当价格范围划定之后，企业通常还要根据顾客的购买心理和行为习惯，运用适当的定价策略，最终确定产品在市场上呈现的零售价格。在创业计划书撰写过程中，还会遇到折扣销售和赊账销售两种情况，现就这两种情况做一简要说明。

（1）折扣销售。折扣销售是指通过降低定价或打折扣等方式来争取顾客购货的一种定价策略。这种策略在现实生活中应用十分广泛。例如，全球最大的零售企业沃尔玛就提倡低成本、低费用结构、低价格的经营思想，并首创"折价"策略。每家沃尔玛商店都贴有"天天廉价"的大标语，同一种商品在沃尔玛比其他商店要便宜。公司每星期六早上举行经理人员会议，如果有分店报告某商品在其他商店比沃尔玛低，可立即决定降价。低廉的价格、可靠的质量是沃尔玛的一大竞争优势，吸引了大批的顾客。

（2）赊账销售。赊账销售是一种通过卖主为买主提供货后，买主经过一段时间再付货款的销售方式。对于销售人员来说，赊账销售有利有弊。其利表现在吸引无资客户，推广其销售量；其弊就是风险很大，对客户没有太大约束性。不过，随着法制的健全，现在越来越多的大型公司选用了这种销售方式，以刺激和扩大其销售量。

（十）缩减成本

帮助客户节约成本是创造价值的重要方式。例如，Salesforce.com 提供客户关系管理（Customer Relationship Management，CRM）的托管应用软件。这为购买软件的用户免去了购买、安装和操作客户关系管理（CRM）软件的成本与麻烦。

（十一）风险控制

为客户购买的产品或服务降低风险，能够为其创造价值。对于一个二手车买家而言，一年内保修的政策为买家降低了购车后的故障和维修风险。（签署）服务级别协议（Service-level）为购买外包IT服务的客户降低了一部分风险。

（十二）可获得性

帮助客户获得之前无法获得的产品和服务也是创造价值的方式。这一方式可能得益于商业模式的创新、科技的创新，或两种创新共同作用的结果。例如，奈特捷公司（NetJets）使合伙购买私人飞机方式流行起来，奈特捷公司这一创新性的商业模式，让大多数之前无力承担的个人和企业拥有了私人飞机。

（十三）共同基金

共同基金提供了另一个通过增加可获得性而为客户创造价值的方式，这一颇具创造性的金融产品使资本量很小的投资者也可以做到多元化的投资。

（十四）便利性/实用性

便利性/实用性让产品使用起来更方便，或操作起来更简单，也可以创造相当大的价值。通过iPod和iTunes，苹果公司为客户提供了数字音乐从搜索、购买到下载和使用的一整套前所未有的便捷体验，苹果也因此主导了整个数字音乐市场。

第二部分　实训操作

【实训主题】

明确创业计划书的关键业务和价值主张的撰写。

【实训目标】

通过本次实训，帮助学员厘清创业计划书中价值主张、分销渠道、客户关系和收入来源各模块中需要哪些关键业务，面对客户，需要传递怎样的价值；面对客户面临的问题，需要帮助其解决哪一个；面对客户，需要满足客户的哪些需求；面对不同的客户群体，应该提供什么样的产品和服务组合。

【实训准备】

（1）学员在导师的指导下完成"鹿小姐的花艺境地"项目关键业务中的各项任务。

（2）学员在导师的指导下完成"鹿小姐的花艺境地"项目价值主张中的各项任务。

【实训内容】

（1）学员在实际的商业环境中，完成自选项目的关键业务任务中的实景能力训练，明确企业类型，注册企业，拟订企业名称，选择企业项目的理由，简述企业愿景，预测所要进入行业的市场容量与变化趋势及市场占有率。

（2）学员在实际的商业环境中，完成自选项目的价值主张任务中的实景能力训练，完成产品或服务的名称和主要特征，产品或服务的预测成本价格，预测销售价格，预测对手的销售价格及销售计划。

【实训流程和要求】

"关键业务"的实训流程和要求见表2-1。

表 2-1 "关键业务"的实训流程和要求

课时	流程和要求	注意事项
—	流程一：导师提前准备任务背景案例资料，并在本次授课前，提前将资料发给每一位学员，并请学员仔细阅读	案例项目以在学员中产生为首选原则
35min	流程二：安排学员在室内环境集合，有针对性地讲解或回顾"关键业务"的知识应用要点	结合案例项目的特点，在如何确定关键业务上给予必要的指导
10min	流程三：详细说明本次任务的具体工作内容要求及规定完成时间。要求学员参照导师提供的模板，撰写"鹿小姐的花艺境地"案例项目中的关键业务，并在下次训练课上提交	需有书面形式的任务书，明确说明实践活动的时间、流程、效果
35min	流程四：导师将学员分成若干小组，每一小组4~6人，要求在规定时间内，每小组完成小组项目"关键业务"的制定	给小组充分的讨论时间很重要，确保实施计划的可操作性，对学员实施计划的制定过程给予必要的指导
10分钟	流程五：第一阶段制定结束，以学员团队为单位，团队与导师"一对一"开展实践活动收获与问题交流，导师给予及时指导及改进建议	此环节可多位导师配合实施，过程中阶段性的实践反馈很重要

学员登录网站 http://www.nbbofu.com/person/login.html，进入 SYB 创业实训页面，输入账号和密码，进入创业计划书撰写页面（图2-1）。

SYB创业实训

图 2-1 创业计划书撰写页面

单击"KA 关键业务"按钮，完成下列内容的填写（图2-2）。

图 2-2 关键业务填写

图 2-2　关键业务填写（续）

第一步：在填写过程中注意企业类型选择时的不同法律形态

（一）企业登记注册类型

中国民营企业的主要法律形态主要有股份有限公司、有限责任公司、外资企业、中外合资企业、中外合作企业、乡镇企业、股份合作制企业、合伙企业、个人独资企业、个体工商户、农村承包经营户等。

微小企业最常见的法律形态主要有个体工商户、个人独资企业、合伙企业和有限责任公司。

不同的企业法律形态有不同的要求，从而会对企业产生诸多影响，这些影响有以下几点：

（1）开办和注册企业的成本。
（2）开办企业手续的难易程度。
（3）业主的风险责任。
（4）寻求贷款的难易程度。
（5）寻找合伙人的可能性。
（6）企业的决策程序。
（7）企业所得利润。

（二）各类企业法律形态的特点

不同的企业法律形态都有各自的特点（表 2-2），了解它们，有助于为自己的企业选择适当的法律形态。

表2-2 不同的企业法律形态的特点

企业类型	业主数量和注册资本	成立条件	经营特征	利润分配和债务责任
个体工商户	• 业主是一个人或家庭 • 无资本数量限制	• 成立条件简单，业主只要有相应的经营资金和经营场所就可以了 • 个体工商户可以起字号	• 资产属于私人所有，自己既是所有者，又是劳动者和管理者	• 利润归个人或家庭所有 • 由个人经营的，以其个人资产对企业债务承担无限责任 • 由家庭经营的，以家庭财产承担无限责任
个人独资企业	• 业主是一个人 • 无资本数量限	• 投资人是一个自然人 • 有合法的企业名称 • 有投资人申报的出资 • 有固定的生产经营场所和必要的生产经营条件 • 有必要的从业人员	• 财产为投资个人所有，业主既是投资者，又是经营管理者	• 利润归个人所有 • 投资人以其个人资产对企业债务承担无限责任
合伙企业	• 业主两个人以上 • 无资本数量限	• 有两个以上合伙人，并且都依法承担无限责任 • 有书面合伙协议 • 有合伙人的实际出资 • 有合伙企业的名称 • 有经营场所和从事合伙经营的必要条件	• 依照合伙协议，共同出资，合伙经营，共享收益，共担风险	• 合伙人按照合伙协议分配利润，并共同对企业债务承担无限连带责任
有限责任公司	• 由两个以上50个以下的股东组成 • 注册资本因不同经营内容立出法定下限	• 股东符合法定人数 • 股东出资达到法定资本最低限额 • 股东共同制定公司章程和公司名称，建立符合有限责任公司要求的组织机构，有固定的生产经营场所和必要的生产经营条件	• 公司设立股东会、董事会和监事会，并由董事会聘请职业经理管理公司、经营业务	• 股东按出资比例分配利润，并以出资额为限承担有限责任
股份合作制企业	• 股东包括全体企业员工 • 无资本数量限制（有地方规定的除外）	• 无具体规定	• 企业成员入股，一般实行全员入股 • 建立资本金制度 • 职员既是参股人，又是劳动者	• 股东按出资比例分配利润，并以出资额为限承担有限责任

续表

企业类型	业主数量和注册资本	成立条件	经营特征	利润分配和债务责任
中外合作经营企业	• 投资人至少包括一个中方投资者和一个外方投资者 • 无特殊的注册资本限制。有限责任公司形式的注册资本按有限责任公司的规定执行	• 申请设立合作企业，应当将中外合作者签订的协议、合同、章程等文件报请国务院对外经济贸易主管部门或者国务院授权的部门和地方政府审查批准 • 无具体人数和注册资本限制	• 企业设董事会或者联合管理机构依照合作企业合同或者章程规定，决定合作企业的重大问题。中外合作者的一方担任董事长或主任，由另一方担任副董事长或副主任	• 中外合作经营企业按照合作合同分配利润，并以其全部资产承担债务责任
中外合资经营企业	• 投资人至少包括一个中方投资者和一个外方投资者	• 申请设立合资企业，应当将中外合资者签订的协议、合同、章程等文件报请国务院对外经济贸易主管部门或者国务院授权的部门和地方政府审查批准，并符合有限责任公司的设立条件 • 外国合营者的投资比例一般不低于25%	• 合营企业设董事会，人数由投资各方协商，中外合资者的一方担任董事长，由另一方担任副董事长。正、副总经理由合营各方分别担任	• 股东按出资比例分配利润，并以出资额为限承担有限责任

（三）选择合适的企业法律形态

选择一种法律形态时要考虑的主要因素如下：

（1）企业的规模。

（2）行业类型和发展前景。

（3）业主或投资者的数量。

（4）创业资金的多少。

（5）创业者的观念（倾向个人决策还是协商合作）。

选择企业的法律形态并非易事，要考虑很多方面。在选择企业的法律形态和注册企业时，应该寻求更多帮助。我国有专门为扶持小企业提供咨询的政府机构（如国家和各地区的工商管理局等）和非政府组织（工商联合会等），还有帮助下岗失业人员创业的劳动就业部门。

如果要开办一家大型或结构复杂的企业，应当听取律师的意见。

记住：别人的意见只能供参考，企业得自己办，千万不要被别人的意见所左右。要有主见，如果要采用他人建议的法律形态，一定要弄清楚原因。

不同的企业法律形态各有利弊，在选择自己企业的法律形态时，要考虑企业以及对企业将产生的影响：

（1）如果企业不打算借债，是否限制业主个人对企业债务所承担的责任就无关紧要，可以采用简单、经济的形式开办企业，如个体工商户或合伙企业就比较适合。

（2）如果企业需要借大笔钱，企业负债很高，那么限制业主个人对企业债务所承担的责任就很重要，选择有限责任公司的法律形态较为适合。

（3）如果有国外亲戚朋友愿意投资帮助创业，可以选择中外合资或中外合作的企业法律形态。

（4）如果资金和技术不足，但有志同道合的朋友愿意一起干，不妨选合伙企业、有限责任公司的企业法律形态。

（5）如果不喜欢与他人合作，怕麻烦或怕得罪人，就考虑个体工商户或个人独资企业。

第二步：在填写过程中注意企业经营范围

企业经营范围是指国家允许企业生产和经营的商品类别、品种及服务项目，反映企业业务活动的内容和生产经营方向，是企业业务活动范围的法律界限，体现了企业民事权利能力和行为能力的核心内容。企业经营范围主要有以下几种分类。

（一）互联网科技

网络通信科技产品领域内的技术开发、技术咨询、技术转让、技术服务，计算机网络工程，计算机软件开发及维护，计算机辅助设备的安装及维修，电子产品的安装和销售，计算机及相关产品（计算机信息系统安全专用产品除外）、办公用品的销售，企业管理咨询（经纪除外）。

（二）医疗器械

健康管理、健康咨询、医疗器械、电子设备、仪器仪表、机电设备及配件等。（企业依法自主选择经营项目，开展经营活动；依法须经批准的项目，经相关部门批准后依批准的内容开展经营活动；不得从事本地产业政策禁止和限制类项目的经营活动。）

（三）本地生活

清洁服务、婚庆服务、劳务服务、化粪池清扫、汽车驾驶陪练、开锁服务、物流服务。

（四）广告文化

组织文化艺术交流活动、文艺创作，体育运动项目经营（高危险性体育项目除外），承办展览展示、婚庆服务、摄影服务、摄像服务、公共关系服务、礼仪服务、模特服务、会议服务、大型活动组织服务，经济信息咨询，婚纱礼服出租，花卉租摆，舞台策划，摄影器材租赁，舞台灯光音响设计，计算机图文设计，计算机动画设计，设计、制作、代理、发布广告。

（五）游戏

从事互联网文化活动，技术服务、技术转让、技术开发、技术推广、技术咨询，软件开发，计算机动画设计，工艺美术设计，设计、制作、代理、发布广告，基础软件服务，应用软件服务。

（六）餐饮

餐饮服务。

（七）金融服务

接受金融机构委托从事金融信息技术外包服务，接受金融机构委托从事金融业务流程外包服务，接受金融机构委托从事金融知识流程外包服务。

（八）商贸

销售食品、针纺织品、服装、鞋帽、日用品、化妆品、钟表、眼镜、箱包、文化用品、办公用品、体育用品、珠宝首饰、集邮票品、纪念币、工艺美术品、玩具、游艺用品、室内游艺器材、乐器、照相器材、医疗器械（I类）、化肥、农业用薄膜、化工产品（不含化学危险品）、矿产品、金属材料、农药、农业机械、自行车、摩托车（不含三轮摩托车）、汽车、汽车摩托车零配件、机械设备、家用电器、计算机软件及辅助设备、通信设备、电子产品、电气机械、电子元器件、仪器仪表、文化办公用机械、消防器材、润滑油、健身器材、粮食、新鲜蔬菜、新鲜水果、未经加工的干果及坚果、禽蛋、不再分装的包装种子、饲料、社会公共安全设备。

（九）电影休闲娱乐

音像制品制作，电子出版物制作，电子出版物复制，广播电视节目制作，电影摄制，电影发行，电影放映，文艺表演，演出经纪。

（十）职业人才中介

人才信息的收集、归纳与发布；为企业经营提供咨询服务、劳务咨询提供咨询服务、人力资源咨询提供相应服务，为企业策划、改革提供相应服务；专业的人才培训、人才推荐、人才规划、人才派遣、就业指导；劳务派遣、房地产咨询、网络信息咨询、保洁家政咨询等。

（十一）注册进出口公司类公司

自营和代理各类商品和技术的进出口，但国家限定公司经营或禁止进出口的商品和技术除外。

（十二）建筑

施工总承包、专业承包、劳务分包，建筑装饰工程，景观工程，机电设备安装工程，安防工程，土石方工程；建筑装饰材料、环保设备、金属材料、木材及制品、防水材料、机电设备、花卉盆景、水泵阀门、流体控制成套设备及配件的销售。

（十三）旅游

国内旅游业务，入境旅游业务，出境旅游业务。

（十四）教育

教育咨询。

第三步：选择创业项目的理由——企业构思

好的企业构思必须满足两个方面：以顾客需求为出发点；具备满足顾客需求的条件。应当沿着这两条途径同时开发企业构思，只有既能满足顾客需求，又属于所擅长领域的企业构思才是可行的。

（一）挖掘企业构思的途径

1. 头脑风暴法

一般头脑风暴法可以从一个词语或一个题目开始，将浮现在脑海中的所有想法写下来，可以一直写下去，能写多少就写多少，即使某些想法乍看上去毫不相干或不切实际。一个好的企业构思往往源于异想天开。

结构性头脑风暴法是从一种特定的产品开始，然后从制造线、销售线、服务线和副产品线四个方面想出尽可能多的相关企业。

2．调查准备创业地区的企业情况

到实地走走看看，了解这个地区有哪些类型的企业，看看在市场中能否找到生存的空间和市场空白。与搭档或朋友一起进行这项活动会更轻松。如果生活在村庄或小城镇里，可以走遍整个城镇；如果生活在城市里，可以走访工业区、集市和商业区。

3．调查准备创业地区的环境

（1）自然资源：准备创业地区具有哪些自然资源，分析这些自然资源可以用来制作哪些产品，而制成产品的过程又不破坏环境。自然资源包括土地、农业、森林、矿产、沙漠、水产品和各种特产。

（2）机构：准备创业地区有没有学校、医院或政府机构？哪些企业能够服务于这些机构？这些机构可能有维修、清洁之类的需求，它们也许还需要文具、家具、清洁用品、食品或纸张等物资。

（3）工业：准备创业地区有哪些规模较大的企业？这些企业需要什么样的服务？它们同样会购买一些服务和物资。这些企业可能愿意将它们的部分业务委托给其他企业去做，是否有机会获得这些业务？

（4）媒体：你可以到当地图书馆的期刊阅览室查看产品目录、商业期刊等，从中发现一些有用的信息，从而建立企业构思。

（5）商品展销会：要尽可能参加当地一些机构举办的商品展销会，这些商品展销会上的信息能够帮助产生企业构思。

4．利用各种问题

如自己遇到过的问题，包括工作中遇到过的问题、其他人遇到过的问题、你准备创业的地区缺少什么。

5．利用互联网

可以利用互联网收集相关信息，建立企业构思。互联网平台包括 B2B、B2C、搜索引擎、网络通信软件和交流平台等。

（二）分析企业构思的方法

1．实地调研

与顾客、供应商和企业界人士交谈，能够收集一些十分有用的信息，了解那些影响企业构思的因素。

可以安排非正式的讨论并进行观察，或者安排正式的访问和会谈。访问比较费时间，但通过实地调研，已经可以像一名成功的企业人士那样开始行动了，并且在调研过程中，交往的一些人对创办企业是很有用的。

2．SWOT 分析

SWOT 分析是用来确定企业自身的竞争优势、竞争劣势、机会和威胁，从而将公司的战略与公司内部资源、外部环境有机地结合起来的一种科学的分析方法。SWOT 是英文 Strengths（优势）、Weaknesses（劣势）、Opportunities（机会）和 Threats（挑战）的缩写。SWOT 分析被广泛地应用于不同的领域、行业、项目的机会决策。这里我们将该方法作为企业宏观环境评估的分析方法加以运用。通过SWOT分析，可以明确市场机会和企业自身条件的关系，找出在这些机会和挑战面前的竞争优势与劣势。

SWOT分析只是一种工具，最终的判断（决策）必须自己做出。

3. 环境影响评估

环境影响顾客的生活方式、生活标准以及产品偏好和需求，决定了企业开展营销活动的内容。环境因素可以影响购买者对企业营销组合的反应，从而影响营销经理的决策和行动。无视企业对环境产生的负面影响，企业将会遇到很多问题。

第四步：企业名称与企业字号和企业愿景

企业名称的四个要素中，行政区划、行业、组织形式三个要素属于共有的要素，而字号是可以独占的要素，一般格式为（行政区划）+（字号）+（行业）+（法律形态），如上海大众汽车有限公司。

企业愿景：回答"我要去哪里"，体现对品牌未来发展远景的憧憬。

例如，太平鸟集团的企业愿景：

前期愿景：争创中国第一时尚品牌；

远期愿景：打造国际知名的大型时尚产业集团，做中国的世界品牌；

终极愿景：经营永续、品牌永恒。

第五步：关于行业的市场容量、市场占有率

（1）市场容量：是指市场在一定时期内能够吸纳某种产品或劳务的单位数目，由使用价值需求总量和可支配货币总量两大因素构成。

扩大市场容量的思路：增加可支配货币收入；科技创新；开拓国外市场。

（2）市场占有率：是指某企业某一产品（或品类）的销售量（或销售额）在市场同类产品（或品类）中所占的比重，能够反映企业在市场上的地位。

（3）企业在市场上的地位：领先者、挑战者、追随者、补缺者。

（4）市场竞争类型：完全垄断、寡头垄断、垄断竞争、完全竞争。

根据上述指导，填写完成确认并提交，完成实训内容"关键业务"。

"价值主张"的实训流程和要求见表2-3。

表2-3　"价值主张"的实训流程和要求

课时	流程和要求	注意事项
—	流程一：导师提前准备任务背景、案例资料，并在本次授课前，提前将资料发给每一位学员，并请学员仔细阅读	案例项目以在学员中产生为首选原则
35min	流程二：安排学员在室内环境集合，有针对性地讲解或回顾"价值主张"的知识应用要点	结合案例项目的特点，在如何确定价值主张上给予必要的指导

续表

课时	流程和要求	注意事项
10min	流程三：详细说明本次任务的具体工作内容要求及规定完成时间。任务要求学员参照导师提供的模板，撰写"鹿小姐的花艺境地"案例项目中的价值主张，并在下次训练课上提交	任务须有书面形式的任务书，明确说明实践活动的时间、流程、效果
35min	流程四：导师将学员分成若干小组，每一小组4~6人，要求在规定时间内，每小组完成小组项目"价值主张"的制定	给小组充分的讨论时间很重要，确保实施计划的可操作性，对学员实施计划的制定过程给予必要的指导
10min	流程五：第一阶段制定结束，以学员团队为单位，团队与导师"一对一"开展实践活动收获与问题交流，导师给予及时指导及改进建议	此环节可多位导师配合实施，过程中阶段性的实践反馈很重要

学员登录网站http://www.nbbofu.com/person/login.html进入SYB创业实训页面，输入账号和密码，进入创业计划书撰写页面（图2-3）。

SYB创业实训

图2-3 创业计划书撰写页面

单击"VR价值主张"模块，完成下列内容的填写（图2-4）。

图 2-4　价值主张内容的填写

第一步：制定产品策略

产品是指（计划）向顾客销售的东西；产品除实物外，产品的类型、质量、颜色和尺寸等都属于产品。服务业提供的服务就是产品；产品的整体概念还包含与产品或服务有关的其他属性。对于产品，企业要突出更能满足顾客需求的产品特性。

第二步：制定价格策略

价格是产品/服务要换回来的钱数；定价的依据是成本和竞争者的价格决策；企业要突出既能让顾客认可，又能让企业多盈利的价格优势。

第三步：制定促销策略

促销是利用某种强化手段向顾客传递信息并吸引他们来购买产品/服务；促销有广告、人员推销、营业推广、公共关系四种方法；对于促销，决策企业要结合实际采用有效促进销售且成本最低的促销策略。

填写完成确认并提交，完成实训内容"价值主张"。

【实训总结评价】

开办企业前，要选择恰当的企业法律形态。企业法律形态不同，企业的法律地位和企业投资人的风险责任范围也不同。对于我国的小企业来说，最常见的法律形态是个体工商户、个人独资企业、合伙企业和有限责任公司等。目前，一些地方为促进下岗失业人员再就业，正在试行一种地方性的"非正规就业劳动组织"的特殊的小企业形态，在创业者选择企业的法律形态和注册企业时可以寻求帮助。一般有关的政府机构和非政府组织都鼓励支持创办小企业，并提供咨询意见和帮助。如果要开办一家规模较大或结构复杂的企业，最好聘请律师。

本部分的实训评价，讲师可参考表 2-4 完成。

表 2-4 实训评价

成果展示与评价		专业素质与专业技能考核				
1. 素质项目	评价内容	团队合作意识	沟通能力	吃苦耐劳	寻找企业的积极性	挖掘问题的主动性
	应得分	20	20	20	20	20
	实得分					
2. KA/VR	分析报告必备项目	产品组合策划	品牌策划	产品定位策划	包装策划	文字表达
	评价标准	企业名称：品牌设计新颖、符合规范、突出产品特色	选择企业项目的理由，能合理阐述理由	企业愿景	市场预测，能合理阐述理由	营销组合，有否创新
	应得分	20	20	20	20	20
	评价人	企业（50%）				
		教师（40%）				
		学生（10%）				
	实得分					
	报告最后得分					

任务三　渠道通路

任务三主要指向创业计划书的渠道通路模块。

第一部分　知识准备

一、销售渠道的概念

销售渠道是指某种产品从生产者向消费者或用户转移过程中，所经过的一切取得所有权的商业组织和个人，即产品所有权转移过程中所经过的各个环节连接起来形成的通道。

二、触达渠道

任何用户运营过程总离不开用户触达渠道的连接。可以说，触达渠道的组合选择，是与运营效果直接挂钩的，用户触达方式的选择直接影响运营的结果。如何做到精准的用户触达，如何选择不同的用户触达方式，如何最大限度地实施多渠道的组合效果，以及如何让触达既表达了态度又向用户传递了温度，这些都是创业企业需要考虑并解决的。

（一）用户触达渠道的概念

用户触达渠道可以理解为一切能够接触到用户并与用户发生联系的手段。根据实际情况的不同，触达渠道也有所不同，多种多样。对于互联网产品来说，产品本身、站内信、推送、邮件、短信等都是触达用户的渠道，所谓合适的用户触达渠道，通俗点讲，也就是指在不伤害用户体验的前提下，触达率最优的渠道。

（二）精细化触达

1. 更合适的时机

在选择用户触达方式时，要根据用户的实际场景和推送内容选择最佳推送时间。这包含两个方面的内容：

（1）一日内的最佳推送时间。一日内的最佳推送时间与对应人群的生活作息时间相关。从一般大学生的作息时间来看，早上 8 点为上午第一节课的上课时间，中午 12 点为午休时间，而下午 4 点为下午下课的时间，晚上 19：30 后为空闲时间。

（2）一周内的最佳推送时间。判断最佳时间应从用户的实际学习场景出发，而不是我们想象中的场景。最初认为，学员应该周一至周五都在学校上课，没有时间在 App 上学习，而相对来说周末的时间比较空闲，有完整的大段时间可以进行课件学习。然而实际情况并非如此，举一个例子，一个企业发现，从学习数据来看，学习课件人数从周日开始增长，到周二/周三达到最高点，随后开始下降，周六降至最低。因此，跟学习行为相关的触达渠道宜选择周日到周三进行推送，如通过班级公告栏、消息中心和App定向推送。

2. 更用心的文案

这是一个信息过载的时代。信息不再有价值，真正有价值的是注意力。用户每天都会收到很多条来自各种渠道的推送消息，短信、微信、消息中心，试问你能看完一天内手机上所有纷至沓来的信息吗？很明显，并不能。事实上，人们对信息已经越来越麻木，绝大部分的信息都被直接忽视了。对于用户而言，看到信息的第一眼就决定了他会不会向其投入本已稀缺的注意力。因此，优质的文案写作能力是考察每一个运营人的指标之一。

3. 更精准的人群

在运营过程中，我们通常从App活跃天数来进行人群的划分，发现高活跃度的人群通常在各种渠道都很容易被触达；而大多数低频活跃的用户只能通过短信这种高成本的方式触达。如果只考虑某个活动的参与情况，运营人员在做活动的推送时自然会更倾向于前者，然而从全局来看，这样的促销活动实际产生的价值将大打折扣，可以说，即使不做触达，这类人群依然会来。因此，我们应该在活动设计时应更多地从低活跃用户的特点出发，或者用更轻量级、趣味向的内容运营去吸引这些用户。学会选择合适的用户触达方式，采用恰当的用户触达渠道，才能成为一个合格的运营人。

三、渠道选址细节

渠道选址指的是运用科学的方法决定设施的地理位置，使之与企业的整体经营运作系统有机结合，以便有效、经济的达到企业的经营目的。

选址问题在生产生活、物流甚至军事中都有着非常广泛的应用，如工厂、仓库、急救中心、消防站、垃圾处理中心、物流中心、导弹仓库的选址等。选址是最重要的长期决策之一，选址的好坏直接影响服务方式、服务质量、服务效率、服务成本等，从而影响利润和市场竞争力，甚至决定企业的命运。好的选址会给人们的生活带来便利，降低成本，扩大利润和市场份额，提高服务效率和竞争力，差的选址往往会带来很大的不便和损失甚至是灾难。所以，选址问题的研究有着重大的经济、社会和军事意义。

店铺选址的五大要素如下：

（1）明确企业的经营方向；

（2）测定客流量；

（3）考虑同类竞争关系；

（4）运输和仓储；

（5）安全问题。

四、销售方式

（一）广告

广告，顾名思义，就是广而告之，向社会广大群众告知某件事物。广告分为非经济广告和经济广告两大类。非经济广告是指不以营利为目的的广告，如政府公告，政党、宗教、教育、文化、市政、社会团体等方面的启事、声明等。经济广告是指以营利为目的的广告，通常是商业广告，是为推销商品或提供服务，以付费方式通过广告媒体向消费者或用户传播商品或服务信息的手段。商品广告就是经济广告，我们这里讲的广告即是指商品广告。

广告通过报纸、杂志、广播、电视、电影、路牌、橱窗、印刷品、霓虹灯等媒介或者形式，在中华人民共和国境内刊播、设置、张贴。具体形式如下：

（1）利用报纸、杂志、图书、名录等刊登广告；

（2）利用广播、电视、电影、录像、幻灯等播映广告；

（3）利用街道、广场、机场、车站、码头等建筑物或空间设置路牌、霓虹灯、电子显示牌、橱窗、灯箱、墙壁等广告；

（4）利用影剧院、体育场（馆）、文化馆、展览馆、宾馆、饭店、游乐场、商场等场所内外设置、张贴广告；

（5）利用车、船、飞机等交通工具设置、绘制、张贴广告；

（6）通过邮局邮寄各类广告宣传品；

（7）利用馈赠实物进行广告宣传；

（8）利用网络 E-mail、Banner 等进行广告宣传，数据库营销的一种；

（9）呼叫中心，数据库营销的一种；

（10）利用短信（SmS）、彩信进行广告宣传，数据库营销的一种；

（11）利用其他媒介和形式刊播、设置、张贴广告；

（12）通过手机短信和彩信服务传播广告，还有诸如邮箱中发布广告。

（二）人员推销

人员推销是一种最古老的推销方式，即企业派专职或兼职的推销人员直接向潜在购买者进行的推销活动。人员推销的主要类型如下：

（1）生产厂家的人员推销，即生产厂家雇佣推销员向中间商或其他厂家推销产品。日用消费品生产厂家的推销员往往将中间商作为它们的推销对象；而工业品生产厂家的推销员将它们的产品作为生产资料向其他生产厂家进行推销。

（2）批发商推销。批发商往往雇佣成百上千名推销员在指定区域向零售商推销产品。零售商也常依靠这些推销员来对商店的货物需求、货源、进货量和库存量等进行评估。

（3）零售店人员推销。这类推销往往是顾客上门，而不是推销员拜访顾客。

（4）直接针对消费者的人员推销。这类推销在零售推销中所占比重不大，却是推销力量中的一个重要部分，有其特殊优点和作用。

（5）对无形产品的推销。主要是指对保险、银行、旅游、服务业等的人员推销，还包括工商企业的不动产、房地产等的人员推销。无形产品类对推销员的要求很高，他们要通晓法律等各方面知识，甚至需要通过必要的考试。

（三）营业推广

营业推广也是促进销售的行为和手段。它是市场营销组合中的一个重要因素。其作用方式是：企业通过合理组合运用各种促销手段，传递和沟通企业与顾客之间的信息，加深顾客对企业本身及其产品的了解，诱导其对本企业及产品产生好感、信任和偏爱，从而促进产品销售。主要的营业推广方法如下。

1．反时令促销法

一般而言，对于一些季节性商品，往往有销售淡、旺季之分。因为，大众消费心理是"有钱不买半年闲"，即按时令需求，缺什么买什么。商家一般也是如此，基本按时令需求供货。因此，商品在销售旺季时往往十分畅销，在销售淡季时往往滞销。有些商家反其道而行，在暑夏，市场上原本滞销的冬令货物，如毛皮大衣、取暖电器、毛皮靴、羽绒服等在某些城市销售良好。这就是人们常说的"反时令促销"。有心计的商家常常推出换季商品甩卖之举，被吸引的人中不乏买者，其主要目的在于获得时令差价。

2．独次促销法

商家对热门畅销的商品是大量进货，大做广告，不断扩大销售量，因为商家的经营原则是必须赚回能赚到的利润。但某意大利著名商店却反其道行之，采取的是独次销售法。这个商店对所有的商品仅出售一次，就不再进货了，即使十分热销也忍痛割爱。表面上，这家商店损失了许多唾手可得的利润，但实际上，商店因所有商品都十分抢手而加速了商品周转，实现了更大的利润。这是因为商店抓住了顾客"物以稀为贵"的心理，给顾客造成一种强烈的印象，顾客认为该商店销售的商品都是最新的，机不可失，失不再来，切不可犹豫。所以，任何商品在这个商店中一上架，就会出现抢购的场面。这一方法与国内某些商店采取的"限量销售法"有异曲同工之妙。

3．翻耕促销法

翻耕促销法是以售后服务的形式招徕老顾客的促销方法。一些销售如电器、钟表、眼镜等的商店专门登记顾客的姓名和地址，然后通过专访或发调查表的形式，了解老顾客过去在该店所购的商品有没有什么问题，是否需要修理等，并附带介绍新商品。而这样做的目的在于增加顾客对本店的好感，并使之购买相关的新商品，往往能收到奇效。这种促销方式关键在于商店具有完善的顾客管理系统，能够与顾客保持经常性的深入沟通。

4．轮番降价促销法

轮番降价促销法要求商家分期分批地选择一些商品作为特价商品，并制作大幅海报贴于商店内外，或印成小传单散发给顾客。这些特价商品每期以3~4种为限，以求薄利多销，吸引顾客，且每期商品都不同，以迎合顾客的好奇心理。于是，顾客来店除选购特价商品外，还会顺便购买其他非特价商品。当然，特价商品利润低微，甚至没有利润，但通过促销其他商品，可得到利润补偿。

5．每日低价促销法

每日低价促销法即商家每天推出低价商品，以吸引顾客的光顾。它与主要依靠降价促销手段扩大销售的方法有很大不同，由于每天都是低价商品，所以是一种相对稳定的低价策略。通过这种稳定的低价使消费者对商店增加了信任，节省人力成本和广告费用，从而使商店在竞争中处于有利地位。值得注意的是，低价商品的价格至少要低于正常价格的10%，否则不会对参与顾客构成吸引力，便达不到促销效果。

6．最高价促销法

一般而言，价格促销实际上就是降价促销，只有降低价格才能吸引消费者的注意力。但有些商店打破这一经营常规，在"全市最低价""大减价""跳楼价"等降价广告铺天盖地的时候贴出一张与众不同的最高价广告，声称"酱鸭全市最高价：××元一斤"。这则广告说得实在，不虚假，使人感到可信，同时也含蓄地点明本店的酱鸭质量是全市首屈一指的。市民们在片刻诧异之后，很快出现了竞相购买"全市最高价"的酱鸭热潮。这种促销方式实际上也适合某些零售商店，尤其是以高收入层为目标顾客的商店，以商品高价来满足这群人的心理需求，显示他们的身份和地位，也能收到一定的促销效果。

7．对比吸引促销法

对比吸引促销法是以换季甩卖、换款式甩卖、大折价等优待顾客，同时把最新、最流行的商品摆在显眼的样品架上，标价则为同类而非流行商品的两三倍。在同一架上或架旁两种价格对比，最能吸引顾客的注意。当顾客发现新流行的商品时，一般都好奇地将它与非流行的商品做比较。好时髦者往往会看中高价的商品，讲究实际者则往往选择低价的非流行商品。这样对两种商品都可以起到促销作用。

8．拍卖式促销法

当今时代，各大商店林立，商业竞争激烈，简单、陈旧的促销方式不足以吸引更多的顾客，拍卖就成为商店促销的一条新思路。拍卖活动要写清楚本次拍卖活动的商品名称、拍卖底价。通过拍卖卖出的商品有的高于零售价，有的低于零售价，令消费者感到很有戏剧性。拍卖形式新鲜、有趣，但也不宜每天都举办，否则就无新鲜可言了。通常可以选择在周末、节假日等时间，消费者有充足的时间参加拍卖活动，才能取得好的效果。如果在平时举办，人们需要工作，即使对拍卖有兴趣也没有足够的时间来参加。

（四）公共关系

公共关系（Public Relation）是指某一组织为改善与社会公众的关系，

促进公众对组织的认识、理解及支持，达到树立良好组织形象、促进商品销售目的等一系列的公共活动。企业开展公共关系活动的目的是获得并维护良好的社会环境，争取社会舆论和公众的了解、好感和接纳，以求较好的生存和发展空间。企业公共关系的职能是多方面的，但重要的是以下三点：

（1）树立企业形象，增强企业信誉。

（2）加强企业同内部、外部公众的联系，增进谅解并提高好感率。

（3）促使企业获得最佳经济效益，提高社会整体效益。

企业开展公共关系活动，旨在寻求建立良好的企业形象，增进社会各界的了解，通常采取以下五种方式：

（1）做好宣传报道，创造和利用新闻。

（2）刊登公共关系广告。

（3）参与社会福利活动和公益活动。

（4）举办各种专题活动建设企业文化。

（5）举行各种会议。

第二部分　实训操作

【实训主题】

渠道选址并确定促销方式。

【实训目标】

有效选址，确定合理促销方式。

【实训准备】

学员在导师的指导下完成"鹿小姐的花艺境地"项目的渠道通路中的各项任务。

【实训任务】

学员在实际的商业环境中，完成自选项目的渠道通路任务中的实景能力训练，明确店铺选址及原因，促销方式，以及相关的成本预算。

【实训流程和要求】

（1）在首页进入"CH（渠道通路）"（图3-1）。

（2）进行地址选择，并填写面积大小和租金成本。

渠道通路			
地点选择			
地址	面积（平方米）	租金或建筑成本（元）	
坎墩兴镇街	30平方米	24000元/年	⊕

图 3-1　地址选择，填写面积和租金

（3）填写选择该地址的原因（图 3-2）。

原因填写
兴镇街人流量较大，人群有一定的消费能力。 交通方便。

图 3-2　填写选择该地址的原因

（4）在四种促销方式中选择一种或多种，填写内容并进行成本预测（图 3-3）。

促销方式	具体内容	成本预测（元）
广告	公众微信号	1200
人员推销		
营业推广		
公共关系		

图 3-3　选择促销方式并进行成本预测

（5）填写完成后保存并上交。

【实训总结评价】

有效选择创业地址，合理分析选址的原因，并结合自己创业的实际情况选择促销方式，还要进行合理的成本预算。

任务四　客户关系和重要伙伴

任务四主要指向创业计划书的客户关系和重要伙伴两个模块。

第一部分　知识准备

一、识别大客户和建立客户档案

（一）大客户的概念

大客户也称为关键客户、重点客户，是企业的伙伴型客户，具体是指对企业的长期发展和利润贡献有着重大意义的客户。一般认为，大客户就是指那些产品流通频率高、采购量大，客户利润较高、忠诚度相对较高、对企业有重大贡献的客户。

（二）大客户的特征

（1）大客户购买次数频繁，单次购买数量多，是企业销售订单的稳定来源，贡献了企业利润中的很大部分。

（2）大客户的服务要求高、涉及面广。大客户对企业的服务水准一般要求较高，往往需要企业提供一站式服务，因此特别关心配套和服务。大客户不仅对产品或服务的特征和标准要求严格，更注重技术创新和制定整体解决方案的能力，强调全局性和全天候的服务，以及售后服务跟踪。

（3）大客户具有较强的谈判能力和讨价还价能力，企业必须花费更多的精力来进行客情关系的维护。

（4）大客户的发展如果符合企业未来的发展目标，将会与企业形成战略联盟关系。当时机成熟时，企业可以进行后向一体化战略，与客户结成战略联盟关系，利用大客户的优势，促进企业的发展。

（三）识别大客户的方法

1. 二八法则

"二八法则"是意大利经济学家维尔弗雷多·帕累托提出的，这个规则应用到客户管理中表明，企业80%的销售收入和利润来自仅占20%的重要客户。通常情况下，企业中销售排名最靠前的承担了80%销量的这20%的客户一般会被列为大客户，很多企业都会按照这个指标来区分客户的重要性。从该理论中，企业可以得到三点启示：其一，明确本企业20%的客户是哪些；其二，明确应该采取什么样的倾斜措施，以确保20%的客户业务取得重大突破；其三，抓住重点客户，带动中小客户。企业可以依照客户的重要程度，采取相应的服务手段和制定相应的优惠措施；巩固与20%大客户的合作关系，同时要注意80%客户中的潜在客户，促使他们向大客户转化，从而提高企业的客户管理能力。

2．ABC分析法

1951年，管理学家戴克将"二八法则"应用于库存管理，并将其命名为ABC分析法。1963年，美国著名的管理大师彼得·德鲁克将这种方法推广到全社会领域，使ABC分析法成为企业普遍应用的、提高效益的管理方法，从而使企业的各项投资与支出都花在刀刃上。在企业管理中，客户ABC分析法是以销售收入或利润等重要客户行为为基准的。ABC分析法的一般步骤如下：

（1）收集数据。就是借助客户销售金额表，将客户按业绩高低依次排序，同时还必须计算出其累计值。

（2）处理数据。将全部客户的进货金额予以累计，算出客户的销售金额在总销售金额中的构成比例，以及目前的客户销售金额的累计构成比例。

（3）制作ABC分析表。通常用柱形图表示，具体做法就是将客户的销售金额用单位柱状图来表示，按照销售金额从多到少的顺序排列，再将柱状的顶部连在一起制成曲线。

（4）确定ABC分类。A序列是累计销售金额比重达5%的客户群，一般被称为顶尖客户，也叫VIP客户；比重达到30%的客户群为B序列；剩余的客户群为C序列。

（四）与大客户建立关系

1．建立大客户经理制

大客户经理制是指为实现经营目标所推行的组织制度，是由客户经理负责客户的市场营销和关系管理，为客户提供全方位、方便快捷的服务。大客户只需面对客户经理，即可得到一揽子服务及解决方案。客户经理可以通过数据分析出某类大客户是什么类型偏好的消费群，其消费热点是什么，然后设计出针对该用户群的营销活动，客户经理还应为大客户提供免费的业务、技术咨询，向大客户展示和推广新业务。根据客户的实际需求向大客户提供适宜的建设性方案，使客户最大限度地提高工作效率。

2．努力抓紧大客户

努力与大客户签订合作意向书，保持统一的价格和一致的服务水平，为大客户提供"门对门、桌到桌"的服务，养成走访习惯，最好是分层次对口走访。拜访对象应包括大客户单位的决策者、经办人及财务负责人等。拜访内容要因人而异，要注意适当选择拜访的时间，做好充分的准备，不断提高拜访技巧，使每次拜访都比上一次完善，尤其在态度上要做到比竞争对手更好。逢年过节可以送去小礼物或寄贺卡，不仅为大客户送去优质服务，更送去一份关心和挂念，从业务和情感两方面让大客户感受"零距离"服务。

抓紧大客户的具体操作步骤如下：

第一步：初步接触

初步接触时，首先应进行自我介绍，然后选择正确的谈话方式，这里需要注意以下四点：

(1) 清楚你是谁？你来这里干什么？你的目的是什么？

(2) 询问合理的背景问题（不谈产品）。

(3) 尽快切入正题。

(4) 不要在还没有了解客户时就拿出解决方法。

第二步：了解客户，挖掘明确需求

几乎所有的生意都是通过提问的方式开始的，在所有的销售技巧中，了解客户可谓精华中的精华，在大客户的会谈中同样至关重要。顶级的谈判专家曾做过研究，所有成功的销售都是了解客户的工作占70%，销售签单的工作占30%，而失败的销售刚好相反。了解客户并挖掘明确需求的提问技巧主要有背景问题、难点问题、暗示问题和利益问题。

第三步：证明能力，解决异议

对客户有帮助的三个证明策略方法如下：

(1) 特征说明：描述一个产品或服务的事实。如我们有40个技术支持人员和5辆配送车。

(2) 优点说明：说明一个特征能如何帮助客户。如我们有专业的维修人员，可以减少机器故障的出现。

(3) 利益说明：说明一个利益能够满足客户通过谈判挖掘出来的明确需求。如我们可以提供像你所说的每周六送一次货的服务。

第四步：找出影响采购的客户

同样的产品，每个人的角度不同，对它的判断也就不同。所以在做产品介绍时，要有针对性地介绍。

第五步：建立互信关系

互信关系是一道桥梁，在这个桥梁上，能够挖掘客户需求，可以介绍和宣传企业，一旦这个桥梁断了，那么其他的销售活动就无法进行下去了。建立互信的方法有两种：第一条路线是先成为朋友，跟客户个人建立互信关系，然后成为他的合作伙伴；第二条路线是先利用产品的性能和价格赢得这个订单，满足客户机构的利益，再跟客户个人建立互信关系，最后成为合作伙伴。这两条路都可以走，但最好的方法是在销售过程中，同时满足客户机构利益和个人利益，这样才能击败竞争对手，取得竞争优势。为什么除了关注客户机构利益，还应关注客户个人利益呢？客户个人利益包括他的喜好、兴趣，因为客户的本质是人，人都愿意和他喜欢的人打交道。如果一见面就让客户产生厌烦的心理，则卖出产品的概率会大大降低。

综上所述，建立互信的原则是既关注客户机构的利益，又关注客户个人的利益，与客户建立互信关系是与机构建立互信关系的基础。

二、培养客户忠诚度

（一）提高客户忠诚度的十大原则

(1) 控制产品质量和价格。产品的质量和价格是客户首先考虑的要素之一,也是保持客户忠诚度的基本条件。因此,节约产品的制造成本和流通成本,以相对合理的价格来吸引客户,并且保证产品的质量优势,是吸引客户的不二法门。

(2)了解企业的产品。这是为提高服务质量而做准备的。企业的服务人员只有充分了解产品的特性、功能、优势、适合人群等产品情况,才能更好地向客户介绍、推荐产品,满足客户求购过程中的各种需求,取得客户的信任,促进客户忠诚度的建立。

(3)了解企业的客户。知己知彼,百战不殆。在为客户提供服务时,如果能够了解客户的基本情况,清楚客户的需求,解答客户的疑问,为客户介绍合适的产品,会让客户感觉到企业的真诚服务,也会让客户觉得产品和服务很适合他,从而对企业产生满意感。所以,企业要千方百计地去了解客户,倾听客户的声音,分析客户的需求和期望,从而制定出适合客户的营销方法,最终赢得客户。

(4)提高服务质量。在现代营销中,客户买的往往不仅是产品,更多的是伴随产品的各种售前、售中、售后服务。服务质量的好坏可以直接影响客户是否购买企业的产品,不少客户认为,服务做不好的企业,也将做不好产品。在同等优质的产品面前,客户会选择服务更好的企业产品。因此,企业除要确保产品质量外,还要尽可能为客户提供周到、贴心、热情的服务。要知道,谁能赢得客户的心,谁就拥有了市场。

(5)提高客户满意度。客户满意度在一定意义上是企业经营"质量"的衡量方式,通过客户满意度调查、面谈等,真实了解企业客户目前最需要的是什么,什么对他们最有价值。掌握、关注客户的潜在需求,并提供优质服务以提高客户对企业的满意度。

(6)超越客户期待。在了解客户需求的基础上,突破常规,提供让客户惊喜的产品或服务。

(7)满足客户个性化需求。根据不同客户的需求特点,提供不同风格的产品和服务,满足不同类型的客户追新求异、符合自身特点的个性化需求。

(8)正确处理客户问题。企业要正确应对客户提出的问题,消除客户误解或取得客户的理解,满足客户的合理需求。只有这样才能留住客户,挽回客户的信心,并且借此建立客户的满意度。有研究表明,一个最好的客户往往是受过最大挫折的客户。得到满意解决的投诉者,与从没有不满意的客户相比,往往更容易成为企业最忠诚的客户。

(9)让购买程序变得简单。客户付出的总成本越低,让渡价值就越高,购买程序简单,可以节约客户的非货币成本。购买程序越简单,越能赢得客户的心。电子商务的发展之所以突飞猛进,其中的一个原因就是其购买程序简单快捷。

(10)服务内部客户。内部客户是指企业的员工,是企业的客户之一,企业要先为内部员工提供良好的服务,让内部员工更好地工作、学习、提高,才能更好地去服务外部客户。

(二)用好会员卡

为了更好地吸引客户,加深与客户的情感联系和对客户的了解,企业往往会制定客户忠诚计划来吸引和加深客户对企业的忠诚度,近年来,以累计积分为主要形式的忠诚计划在各行各业被广泛应用。这些忠诚计划主要有独立积分、联盟积分、联名卡和认同卡、会员俱乐部等几种模式。

(1)独立积分模式。这是由客户购买或推荐其他人购买企业产品和服务,企业提供积分,并根据积分额度给予奖励或回馈的一种模式。这种模式比较适合容易引起多次重复购买和延伸服务的企业,现在许多服装店、百货公司和大型超市等都采用这种独立积分模式。

(2)联盟积分模式。联盟积分是指由多个企业合作共同使用同一个积分系统,使客户能用一张卡在不同的商家消费、积分。联盟积分对客户而言,使用更方便、更具有吸引力。既能减少携带积分卡,又能更快地使积分奖励兑现。

(3)联名卡和认同卡模式。联名卡是银行与营利性机构合作发行的银行卡附属产品,其功能等同于信用卡。一般以某一特定群体为对象,具有商业导向,常见的有中华航空信用卡、百货公司联名卡等。例如,美国航空公司和花旗银行联名发行的 Aadvantage 卡,就是一个创立较早而且相当成功的联名卡品牌。持卡人用此卡消费时,可以赚取飞行里数,累积一定里数之后就可以到美国航空公司换取飞机票。

认同卡是银行与非营利团体合作发行的信用卡。持卡人主要为该团体成员或有共同利益的群体,如学校认同卡、职业棒球队认同卡等。

(4)会员俱乐部模式。会员俱乐部模式一般在以下情况下采用:①单个客户创造的利润非常高;②客户群集中;③密切联系客户有利于企业的业务扩展。会员俱乐部模式对促进企业与客户的沟通,了解客户需求,建立客户对企业的情感有较好的效果。

以上的客户忠诚计划各有优缺点,企业要根据自身的特点,选择合适的忠诚计划。另外,针对忠诚客户目标市场的细分情况,有些企业还根据不同的发展阶段,制定了分级忠诚计划,共分为三级,见表4-1。

表 4-1 企业分级忠诚计划

忠诚计划等级	实施手段	表现形式	客户忠诚度
一级	价格刺激、额外的利益	折扣、累积积分、赠送商品、发放奖品	低
二级	建立客户组织	建立客户档案、俱乐部、客户协会	较高
三级	为客户提供有价值的资源	俱乐部等(提供稀缺资源,现实会员的特权)	高

一级忠诚计划:又被称为频繁营销。企业通过价格刺激或额外的利益奖励经常来光顾的客户。这个级别的忠诚度是非常不可靠的,使用的方式容易被模仿,客户容易被转移,也可能会降低企业的服务质量。

二级忠诚计划:通过建立客户组织,了解客户较详细的潜在需求,使企业能够更好地提供适合客户的个性化需求的产品和服务，从而满足客户需求，培养忠实的客户。这个级别的客户忠诚度较高。

三级忠诚计划：通过花大力气为会员提供不能通过其他来源得到的有价值的资源，显示会员的特权，满足客户特殊需求，增加对客户的吸引力。这个级别的客户忠诚度很高。

以上不同级别的忠诚计划，企业在实际操作中可进行灵活交叉运用。

三、提供个性化服务

（一）个性化服务的含义

个性化服务（Personalized Service 或 Individualized Service）的概念源自西方发达国家，有两层含义：

（1）以标准化服务为基础，是以客户的需求为中心提供各种有针对性的差异化服务及超常规的特别服务，以便让接受服务的客户有一种自豪感和满足感，并赢得他们的忠诚。个性化服务是将企业的目标市场划分到极限的程度，将每一个客户或每一类客户当作一个潜在的细分市场，客户既是服务的接收者，也是服务要求的提出者。客服人员必须明白：由于客户在收入、年龄、教育水平以及价值观念上都有很大的不同，因此，对不同的客户加以区分，并顺应他们的价值取向进行服务是非常必要的。

（2）服务企业要提供有自己个性和特色的服务项目。由此可以看出，个性化服务的内涵主要兼顾两个方面：满足顾客的个性需求和表现服务人员的个性。

个性化服务和标准化服务是两个并行不悖的理念，企业若想在当今的市场环境中获得竞争优势就应该在标准化服务的基础上实施个性化服务。这样不仅能够提高顾客的满意度，有利于市场扩张，同时还可以避免因产品相似而引起的销售量下降，更能够突出企业的经营特色。

（二）实现个性化服务的方法

要实现个性化服务，需要掌握下面一些方法。

1. 运用 CRM 系统进行个性化需求分析

客户的需求不仅随客户年龄、职业知识结构等变化而改变，而且随着社会环境的变化而改变，客户会根据社会和自身的发展需要，不断产生新的个性化需求。这就有必要利用 CRM 系统进行客户需求分析，进而制定满足客户个性化需求的服务方式。

2. 掌握不同客户的兴趣、偏好和特点，有针对性地为客户提供个性化服务

不同客户的特征是不同的。有的客户对价格比较敏感，有的客户希望能为他提供更多的专业信息，有的客户则希望获得更多实质性的帮助、全面促进其工作发展。客服人员应该掌握不同客户的特点，有针对性地提供个性化服务。目前，随着我国经济的发展，提供电商平台个性化和定制化服务的商家越来越多，如苹果的 iPad 可以在背面刻上一行自己喜欢的字；如西装，很多人选择裁缝量身定制。个性化和定制化是消费者为了彰显自己与众不同的一种方式，"定制化服务"通常以满足客户个性化需求为基础，更加贴合客户需求，更能体现"个性"内涵，也受到越来越多追求生活品质的社会精英的推崇和青睐。淘宝还设立了 DSR 卖家服务评级系统，该指标将成为数字娱乐市场乃至淘宝非实物行业的一项重要指标，DSR 是 Detail Seller Rating 的简称，DSR 作为衡量店铺服务水平的最重要指标，在自然搜索中的权重不断得到提升，好的 DSR 可以让店铺排名更靠前，从而带来更多流量，大大提升店铺销量。淘宝动态评分规则的改进，足以体现淘宝越来越倾向于消费者。满足消费者多样化需求和提供个性化服务是当下电商平台争夺客户的重要手段。

3．根据不同客户的行为特征提供相应的信息服务

在电子商务时代，互联网的广泛使用为改善客户服务质量提供了更为有利的工具。不少企业利用网络实现了对客户的在线帮助和对客户购买的产品进行网上跟踪等服务。个别电子商务企业更加重视网站对客户行为的影响，它们在提供定制的或反映客户偏好的个性化网页方面做出了很大的努力。例如雅虎网站提供的 My Yahoo!（http：//my.yahoo.com）功能，让访问者可以在所提供的多个新闻来源中，按照自己的兴趣和要求来设定新闻实现方式和选择新闻的来源；选择自己常用的搜索引擎；查看自己的免费电子邮件邮箱等。在这里，还可以对这个页面的风格做出某些相关的设定，在一系列的选择完成后，产生的页面就是访问者在雅虎站点中自己做的起始页面，在下一次点击 My Yahoo 链接时，这个被设定好的页面就显示出来。国内也有站点提供了个性化的信息服务，如中文在线服务商比特网（ChinaByte）在搜索功能中开通了名为"我的搜索客"的个性化服务。

4．开展个性化体验的客户价值电商购物

从初级到高级，电子商务中有四种个性化方式。

（1）普通的账户数据。将用户简单地按照位置（地理位置或 IP 地址）、性别或婚姻状况来分组。通过这种方式，可以有效地提高用户对相关广告或促销的响应，可以有效地增加与顾客之间的互动。

（2）同类产品的关联。同类产品关联其实就是将物品放在一起。举个例子，将袜子和鞋子放在一起（明显凉鞋不适用），或者提供有笔的笔记本给客户是合乎逻辑的，对顾客也有用。提供相关产品的快速链接可以刺激其他产品的销售，也可以给购物经验丰富的用户提供更好的体验。

（3）RFM 模型分析。运用 RFM 模型分析来更详细地了解用户数据。通过这种方式，每一个客户都会拥有一个唯一的 RFM 值，该值通过以下三个问题来估算：

1）最近一次消费（Recency）：客户最近一次购买是如何发生的？

2）消费频率（Frequency）：客户多久购买一次？

3）消费金额（Monetary）：客户消费一次通常会花多少钱？

基于这种分析，当企业想提高转化率或使用户感到开心时，可以决定在何时发送什么内容给特定的客户。试想，当用户的旧牛仔裤已经快报废的时候，刚好收到一条促销信息，这是一件多么令人兴奋的事情。客户会对个性化推送和及时性留下深刻的印象。

（4）协同过滤。最高级的电子商务个性化是采用协同过滤的方式。协同过滤意味着整个电商网站可以实现对每个用户都是单独策划的。通过对大数据的推算，协同过滤可以发现隐藏在一堆数据中的趋势或市场需求。

协同过滤可以提示"看过这个商品的人也看过的商品""根据浏览记录推荐的商品"，或者"和当前商品相似的有库存商品"（相对于售罄的商品而言）。像这样的个性化商品推荐可以促进销售，也可以增加客户与相关的、有价值的产品之间的互动，还可以突出不出现在搜索结果首页的好产品或最火爆的产品。

（三）几个行业个性化服务的事例

1. 根据客户的需求设计产品套餐

针对不同需求的客户群提供不同的产品套餐，在移动行业中，这个方面做得已经相对成熟。很多做销售工作的客户可能每天都在全国各地跑，特别是跨国企业的销售人员，甚至是全世界跑，这个客户群体的手机费用就会很高。但是他们的花费一般由企业负担，有的企业是限额报销，如每月500元以内的手机费由公司报销，这类客户对自己打多少电话并不在乎，而对通话质量要求很高，因此，他们都会选择信号强并覆盖范围广的移动企业。而学生类客户对通话时间的长短、费用的多少比较敏感，他们更希望有一种既省钱又实现即时沟通的产品，于是电信运营商专门为这类客户设计了"动感地带"和"短号"等套餐。其他消费者也有"全球通""神州行""大众卡"等套餐可选择。移动公司在了解客户的不同需求，对客户进行细分方面做了许多努力，只有这样才能提供令客户满意的产品或服务。

2. 根据客户的特征提供个性化服务

现在银行业的各种理财产品可谓层出不穷，让人目不暇接，这也是近年来银行业细分客户并为客户提供个性化服务的理念指导下的产物。这些不同的产品一般都能满足不同人群的需求，因为它们是在客户细分的基础上设计而成的。细分的依据是客户财产的规模、收入和支出水平，预期目标、风险承受能力、年龄阶段、职业性质、家庭结构和个人性格。对于收入稳定、风险承受能力低的客户，一般推荐具有固定收入、保本型的理财产品，诸如保本型基金、国债等，虽然不是绝对不亏，但风险相对较小；对于收入较高、风险承受能力较强的客户，可以推荐高收益的理财产品，如外汇买卖、股票、期货等，这些产品收益高，但风险也是巨大的。

3. 根据客户的心理提供个性化服务

通常可以按照客户的类型、个体心态将客户分为六类，然后有针对性地采取有效的解决措施。

（1）焦虑型。可以通过耐心、贴心的话语进行抚慰，并承诺解决问题。

（2）怀疑型。谨慎解释，慎重承诺，做好后勤工作。

（3）愤怒型。尽量隔断他与其他客户之间的联系，认真听其诉苦并好言以对，尽一切可能做好后勤服务工作。

（4）窃喜型。适当采取合理合法的强制性措施。

（5）冷静型。及时准确地传递信息，让其了解事情的进展。

（6）恐惧型。通过亲切、体贴的言语进行心理安抚。

第二部分　实训操作

【实训主题】

明确"鹿小姐的花艺境地"项目的客户群体需求及关系管理，确立企业组织结构，团队分工及合作方式等。

【实训目标】

掌握企业组织结构，团队组建，确定投资人和出资方式，客户关系管理等相关内容。

【实训准备】

创业团队分工与准备，合作方式，组织结构，大客户开发与客户服务流程建立等。

（1）学员在导师的指导下完成"鹿小姐的花艺境地"项目客户关系中的各项任务。

（2）学员在导师的指导下完成"鹿小姐的花艺境地"项目价值主张中的各项任务。

【实训内容】

（1）学员在实际的商业环境中，完成自选项目客户关系任务中的实景能力训练，明确客户有哪些需求，顾客想要什么产品或服务，愿意支付多少钱。

（2）学员在实际的商业环境中，完成自选项目重要合作任务中的实景能力训练，完成企业成员信息、股份合作协议、企业组织结构图等工作。

【实训流程和要求】

学员登录网站http：//www.nbbofu.com/person/login.html，进入SYB创业实训页面，输入账号和密码，进入创业计划书撰写页面（图4-1）。

单击"CR客户关系"模块，完成三个问题，即客户有哪些需求，顾客想

SYB创业实训

要什么产品或服务，愿意支付多少钱（图4-2）。

图4-1　创业计划书撰写页面

图4-2　完成"客户关系"问题

完成提交后，再进入"KP重要合作"模块，对"重要合作"模块里的内容分别进行填写。

第一步：组建团队

明确成员姓名、职务、工资水平，可以增加人员或删减人员（图4-3）。

图4-3　组建团队

第二步：确定团队成员的合作方式

明确合作人的出资金额、出资方式、股份和利润分配方式、分工、权限、责任等内容（图4-4）。

股份合作协议		
条款	合作人	协议内容
企业计划注册资金		
出资方式		
出资数额		
股份份额及利润分配		
利润数额与亏损承担		
分工、权限和责任		
违约责任		
转股、退股及增资		
协议变更和终止		
其他条例		

图4-4　确定团队成员的合作方式

在填写此内容时，要注意出资方式。事实上，对于大多数微小企业来说，启动资金来自业主自己的积蓄，除此之外，还可以试试以下渠道：

（1）从朋友或亲戚处借钱。

（2）从供货商处赊购。

（3）从银行或其他金融机构贷款。

筹措启动资金并非易事，获得开办企业的启动资金需要恒心和决心。在开办企业时，创业者可能需要多试几个不同的渠道来筹措启动资金。有时，可能要同时从几个渠道筹集足够的费用。

1．从朋友或亲戚处借钱

从朋友或亲戚处借钱是开办企业最常见的做法。但是，一旦企业创办失败，亲戚朋友会因收不回自己的钱而伤了感情。因此，从一开始，创业者就要向他们说明借钱具有一定的风险。为了让他们了解企业，要给他们一份你的创业计划副本，并定期向他们报告创业的进展情况。

2．从供货商处赊购

在制造业中，可以从供货商那里赊一部分账。不过，这也不容易，因为大多数供货商只有在弄清楚企业确实能够运转良好之后，才会为创业者提供赊账。

3．从银行或金融机构贷款

银行或其他金融机构是正规金融部门，它们在向借款人贷款时有严格的条件和审查程序：

首先，它们通常要求创业者填写一份借款申请表，并在表后附上创业计划。

其次，银行一般需要贷款抵押品或质押品，如私人房产、银行存单、有价证券等。如以私人房产做抵押，还要办理房产价值评估及公证等手续。而且，银行或金融机构为了降低风险，一般不会按抵押品的实际价值进行贷款。它们通常要确保抵押资产的价值高于贷款和未付利息额。如果企业失败了，创业者将失去这些个人资产。可见，向正规金融部门贷款是不易的。即便是有抵押品，借贷机构还会提出不同的利率和贷款条件。

在寻找资金开办企业时，为了获得最好的贷款条件，要多了解几个渠道。目前，为了帮助小企业家创业，国家正在制定各种相关法规和政策，为小企业家创业创造宽松的环境。其中，建立小额贷款信用担保基金和担保体系，就是为解决小企业融资难采取的有效措施。同时，为鼓励下岗失业人员创业，国家还专门建立了为下岗失业人员提供小额贷款的担保基金。创业者在寻找资金时，也可以寻求这些信用担保体系的帮助。

4．申请企业贷款

在借钱开办企业时，有必要使贷款人相信：

（1）确实需要钱并清楚所要购买的资产。

（2）核实了其他成本和资产类型。

（3）能够偿还贷款的本息，还款来自未来的利润。

为了提高自己获得贷款的机会，设法接近潜在的贷款者时，要考虑以下步骤：

（1）提前约定见面时间，不要随便走访。

（2）准备好回答有关企业的任何问题，因为贷款人大多想知道创业者对自己的企业了解得有多深。

（3）多准备几份创业计划副本。

（4）准备回答个人信用和企业资产方面的问题。

（5）询问何时能够对申请做出答复。如果没有及时得到答复，要问是否还需要提供哪些信息。

大多数银行都有贷款申请表。创业者可以从创业计划中找到贷款申请表所需要的内容。创业者要认真准确地填完表格，并在表后附上创业计划。

如果申请被拒绝，问问为什么。最常见的原因如下：

（1）创业构思被认为风险太大。

（2）没有足够的抵押、质押或担保品（贷款人需要抵押品，以便在无法还款时，也能收回贷款）。

（3）贷款的理由不清楚或不能接受。

（4）看上去不自信、不乐观、不投入，对于企业目标了解得不够或不实际。

（5）没有准备好完整的创业计划。

如果申请被拒绝，请修改创业计划。要有恒心和决心，直到能够被贷款人接受。

第三步：画出企业组织结构图

将制作好的组织图以图片形式上传到平台中（图4-5）。

企业组织结构是进行企业流程运转、部门设置及职能规划等最基本的结构依据，常见的组织结构形式包括中央集权、分权、直线以及矩阵式等。企业的组织架构是一种决策权的划分体系以及各部门的分工协作体系。组织架构需要根据企业总目标，将企业管理要素配置在一定的方位上，确定其活动条件，规定其活动范围，形成相对稳定的科学管理体系。

图 4-5　企业组织结构图

企业组织结构图将企业组织分成若干部分，并标明各部分之间可能存在的各种关系。企业组织结构主要有以下几种常见类型。

1. 直线制组织结构

直线制是企业发展初期一种最简单的组织结构，如图 4-6 所示。

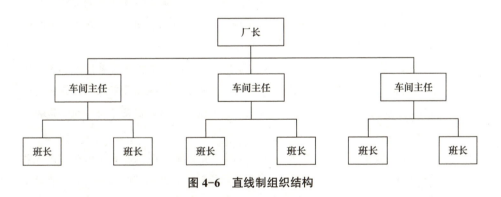

图 4-6　直线制组织结构

（1）特点：领导的职能由企业各级主管一人执行，上下级权责关系呈一条直线。下属单位只接受一个上级的指令。

（2）优点：结构简化，权力集中，命令统一，决策迅速，责任明确。

（3）缺点：没有职能机构和职能人员当领导的助手。在规模较大、管理比较复杂的企业中，主管人员难以具备足够的知识和精力来胜任全面的管理，因而不能适应日益复杂的管理需要。这种组织结构形式适合产销单一、工艺简单的小型企业。

2. 职能制组织结构

职能制组织结构与直线制组织结构恰恰相反，如图 4-7 所示。

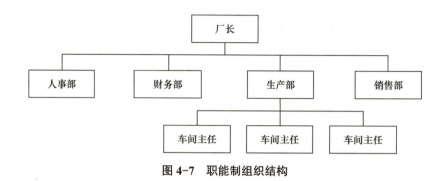

图 4-7 职能制组织结构

（1）特点：企业内部各个管理层次都设职能机构，并由许多通晓各种业务的专业人员组成。各职能机构在自己的业务范围内有权向下级发布命令，下级都要服从各职能部门的指挥。

（2）优点：不同的管理职能部门行使不同的管理职权，管理分工细化，从而能大大提高管理的专业化程度，能够适应日益复杂的管理需要。

（3）缺点：政出多门，多头领导，管理混乱，协调困难，导致下属无所适从；上层领导与基层脱节，信息不畅。

3. 直线职能制组织结构

直线职能制组织结构吸收了以上两种组织结构的长处，弥补了它们的不足，如图4-8所示。

（1）特点：企业的全部机构和人员可以分为两类：一类是直线机构和人员；另一类是职能机构和人员。直线机构和人员在自己的职责范围内有一定的决策权，对下属有指挥和命令的权力，对自己部门的工作要负全面责任；而职能机构和人员则是直线指挥人员的参谋，对直线部门下级没有指挥和命令的权力，只能提供建议和在业务上进行指导。

（2）优点：各级直线领导人员都有相应的职能机构和人员作为参谋和助手，因此能够对本部门进行有效的指挥，以适应现代企业管理比较复杂和细致的特点，而且每一级又都是由直线领导人员统一指挥，满足了企业组织的统一领导原则。

（3）缺点：职能机构和人员的权利、责任究竟应该占多大比例，管理者不易把握。直线职能制组织机构在企业规模较小、产品品种简单、工艺较稳定又联系紧密的情况下，优点较突出；但对于大型企业，产品或服务种类繁多、市场变幻莫测，就不适用了。

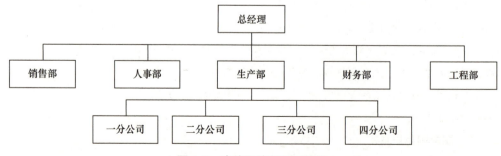

图 4-8 直线职能制组织结构

4. 事业部制组织结构

事业部制组织结构是目前国内外大型企业通常采用的一种组织结构，如图 4-9 所示。事业部制适用企业规模较大、产品种类较多、各种产品之间的工艺差别较大、市场变化较快及要求适应性强的大型联合企业。

（1）特点：将企业的生产经营活动按照产品或地区的不同，建立经营事业部。每个经营事业部是一个利润中心，在总公司领导下，独立核算，自负盈亏。

（2）优点：有利于调动各事业部的积极性，事业部有一定的经营自主权，可以较快地对市场做出反应，在一定程度上增强了适应性和竞争力；同一产品或同一地区的产品开发、制造、销售等一条龙业务属于同一主管，便于综合协调，也有利于培养有整体领导能力的高级人才；公司最高管理层可以从日常事务中摆脱出来，集中精力研究重大战略问题。

（3）缺点：各事业部容易产生本位主义和短期行为，下级的相互调剂会与既得利益产生矛盾；人员调动、技术及管理方法的交流会遇到阻力；企业和各事业部都设置职能机构，机构容易重叠，且费用增大。

参考上述组织结构图的常见形式，绘制自己企业的组织结构图，完成后保存并提交。

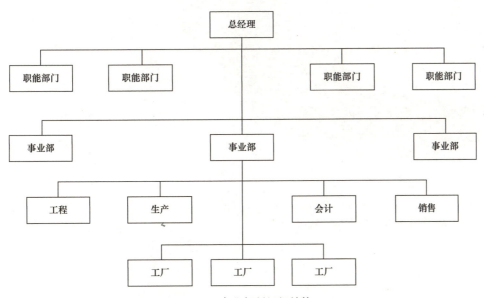

图 4-9　事业部制组织结构

【实训总结评价】

通过上述实训，熟悉客户关系管理和顾客偏好，更好地为关键客户服务。筹建创业团队，搭建适合企业的组织结构，形成良好的创业构架，为下一步工作打好基础。

任务五　成本结构

任务五主要指向创业计划书的成本结构模块。

第一部分 知识准备

创业者必须预测开办企业所需要的各项启动资金，以及投产后的各项成本费用的预算。开办企业所需投入的资金金额，第一部分为投资，用于固定资产、无形资产、开办费用等的一次性初始投资；第二部分为流动资金，用于企业投入运营后的原材料的采购、各项成本费用的支付等。在此基础上，还需要制定销售与成本计划。

一、投资

（一）固定资产

1. 固定资产的概念和特点

固定资产是指企业为生产产品、提供劳务、出租或者经营管理而持有的、使用时间超过 12 个月，价值达到一定标准的非货币性资产，包括房屋、建筑物、机器、机械、运输工具以及其他与生产经营活动有关的设备、器具、工具等。固定资产是企业的劳动手段，也是企业赖以生产经营的主要资产。

固定资产的主要特点是：固定资产的价值一般比较大，使用时间比较长，能长期地、重复地参加生产过程；固定资产在生产过程中虽然发生磨损，但是并不改变其本身的实物形态，而是根据其磨损程度，逐步地将其价值转移到产品中去，其价值转移部分以折旧的形式回收。

因此，在购置和建造固定资产时，需要支付相当数量的货币资金，这种投资是一次性的，但投资的回收是通过固定资产折旧分期进行的。

2. 固定资产的主要类型

（1）房屋和建筑物。房屋和建筑物是指产权属于本企业的所有房屋和建筑物，包括办公室（楼）、会堂、宿舍、食堂、车库、仓库、油库、档案馆、活动室、锅炉房、烟囱、水塔、水井、围墙等及其附属的水、电、煤气、取暖、卫生等设施。附属企业（如招待所、宾馆、车队、医院、幼儿园、商店等）的房屋和建筑物产权是企业的。

（2）一般办公设备。一般办公设备是指企业常用的办公与事务方面的设备，如办公桌、椅、凳、橱、架、沙发、取暖和降温设备、会议室设备、家具用具等。一般设备属于通用设备，被服装具、饮具炊具、装饰品等也列为一般设备。

（3）专用设备。专用设备是指属于企业所有专门用于某项工作的设备，包括文体活动设备、录音录像设备、放映摄像设备、打字电传设备、电话电报通信设备、舞台与灯光设备、档案馆专用设备，以及办公现代化微型计算机设备等。凡是有专用于某一项工作的工具器械等，均应列为专用设备。

（4）文物和陈列品。文物和陈列品是指博物馆、展览馆等文化事业单位的各种文物和陈列品，如古玩、字画、纪念物品等。有些企业后勤部门内部设有展览室、陈列室，凡有上述物品的，均属于文物和陈列品。

（5）图书。图书是指专业图书馆、文化馆的图书和单位的业务书籍。企业内部的图书资料室、档案馆的所有图书，包括政治、业务、文艺等书籍，均属国家财产。

（6）运输设备。运输设备是指后勤部门使用的各种交通运输工具，包括轿车、吉普车、摩托车、面包车、客车、轮船、运输汽车、三轮卡车、人力拖车、板车、自行车和小轮车等。

（7）机械设备。机械设备主要是指企业后勤部门用于自身维修的机床、动力机和备用的发电机等工具，以及计量仪器、检测仪器和医院的医疗器械设备。有些附属生产性企业的机械、工具设备也应包括在内。

（8）其他固定资产。其他固定资产是指以上各类未包括的固定资产。主管部门可根据具体情况适当划分，也可将以上各类适当细化，增加种类。

3．固定资产折旧方法

固定资产折旧是指在固定资产的使用寿命内，按确定的方法对应计折旧额进行的系统分摊。

使用寿命是指固定资产预期使用的期限。有些固定资产的使用寿命也可用该资产所能生产的产品或提供的服务的数量表示。

应计折旧额是指应计提折旧的固定资产的原价扣除其预计净残值后的余额；企业应当根据与固定资产有关的经济利益的预期实现方式，合理选择固定资产折旧方法。

净残值是指预计固定资产清理报废时可收回的残值扣除清理费用后的数额。企业应根据固定资产的性质和使用方式，合理估计固定资产的净残值。

可选用的折旧方法包括年限平均法、工作量法、双倍余额递减法和年数总和法等。固定资产的折旧方法一经确定，不得随意变更。固定资产应当按月计提折旧，并根据其用途计入相关资产的成本或当期损益。

下面以年限平均法对固定资产折旧计算进行分析。年限平均法又称直线法，是最简单且常用的一种方法。此法是以固定资产的原价减去预计净残值除以预计使用年限，求得每年的折旧费用。采用这种方法计算的每期折旧额均相等。计算公式如下：

$$年折旧率 = （1 - 预计净残值率）\div 预计使用寿命（年）\times 100\%$$

$$月折旧率 = 年折旧率 \div 12$$

$$月折旧额 = 固定资产原价 \times 月折旧率$$

或者：

$$月折旧额 = （固定资产原值 - 预计净残值）\div 预计使用年限 \div 12$$

4．关于折旧年限的规定

除国务院财政、税务主管部门另有规定外，固定资产计算折旧的最低年限如下：房屋、建筑物，为20年；飞机、火车、轮船、机器、机械和其他生产设备，为 10 年；与生产经营活动有关的器具、工具、家具等，为 5 年；飞机、火车、轮船以外的运输工具，为 4 年；电子设备，为 3 年。

（二）无形资产

1. 无形资产概述

无形资产是指企业拥有或控制的没有实物形态的可辨认非货币性资产。无形资产包括社会无形资产和自然无形资产。其中，社会无形资产通常包括专利权、非专利技术、商标权、著作权、特许权、土地使用权等；自然无形资产包括不具实体物质形态的天然气等自然资源。

（1）专利权。专利权是指国家专利主管机关依法授予发明创造专利申请人对其发明创造在法定期限内所享有的专有权利，包括发明专利权、实用新型专利权和外观设计专利权。

（2）非专利技术。非专利技术也称为专有技术，是指不为外界所知，在生产经营活动中应采用且不享有法律保护的，可以带来经济效益的各种技术和诀窍。

（3）商标权。商标是用以区别商品和服务不同来源的商业性标志，由文字、图形、字母、数字、三维标志、颜色组合、声音或者上述要素组合构成。商标权是指商标所有人对其商标所享有的独占、排他的权利。在我国由于商标权的取得实行注册原则，因此，商标权实际上是因商标所有人申请并经国家商标局确认的专有权利，即因商标注册而产生的专有权。

（4）著作权。创作者对其创作的文学、科学和艺术作品依法享有的某些特殊权利。著作权的对象是作品，是指在文学、艺术和科学领域内，具有独创性并能以某种有形形式复制的智力成果。

（5）特许权。特许权又称为经营特许权、专营权，是指企业在某一地区经营或销售某种特定商品的权利，或是一家企业接受另一家企业使用其商标、商号、技术秘密等的权利。

（6）土地使用权。土地使用权是指国家准许某企业在一定期间内，对国有土地享有开发、利用、经营的权利。对于小微企业来讲，这种类型的无形资产极为少见。

2. 无形资产的确认和计量

某项资产满足下列条件之一的，即符合无形资产定义中的可辨认性标准：一是能够从企业中分离或划分出来，并能单独或与相关合同、资产或负债一起，用于出售、转移、授予许可、租赁或交换；二是源自合同性权利或其他法定权利，不管这些权利是否可以从企业或其他权利和义务中转移或分离。

无形资产同时满足下列条件的，才能予以确认：一是与该无形资产有关的经济利益很可能流入企业；二是该无形资产的成本能够可靠地计量。

无形资产应当按照成本进行初始计量。外购无形资产的成本包括购买价款、相关税费，以及直接归属使该项资产达到预定用途所发生的其他支出。投资者投入无形资产的成本，应当按照投资合同或协议约定的价值确定，但合同或协议约定价值不公允的除外。

3. 无形资产的摊销

企业应当在取得无形资产时分析判断其使用寿命，并在无形资产的使用年限内摊销其价值。企业摊销无形资产，应当自无形资产可供使用时起，至不再作为无形资产确认时止。使用寿命有限的无形资产，其应摊销金额应当在使用寿命内系统合理摊销。企业选择的无形资产摊销方法，应当反映与该项无形资产有关的经济利益的预期实现方式。无法确定预期实现方式的，应当采用直线法摊销。无形资产的摊销金额一般应当计入当期损益。

（三）开办费

开办费是指企业在筹建期间发生的费用，包括筹建期的人员工资、办公费、培训费、差旅费、印刷费、注册登记费以及不计入固定资产和无形资产购建成本的汇兑损益和利息支出。筹建期是指企业确定筹建之日起，至开始生产、经营（包括试生产、试营业）之日的期间。

1. 筹建人员开支的费用

（1）筹建人员的劳务费用：具体包括筹建人员的工资奖金等工资性支出，以及应交纳的各种社会保险。在筹建期间发生的如医疗费等福利性费用，如果筹建期较短，可据实列支；筹建期较长的，可按工资总额的14%计提职工福利费予以解决。

（2）差旅费：包括市内交通费和外埠差旅费。

（3）董事会费和联合委员会费。

2. 企业登记、公证的费用

企业登记、公证的费用主要包括登记费、验资费、税务登记费、公证费等。

3. 筹措资本的费用

筹措资本的费用主要是指筹资支付的手续费以及不计入固定资产和无形资产的汇兑损益和利息等。

4. 人员培训费

人员培训费主要包括以下两种情况：

（1）引进设备和技术需要消化吸收，选派一些职工在筹建期间外出进修学习的费用。

（2）聘请专家进行技术指导和培训的劳务费及相关费用。

5. 其他费用

（1）筹建期间发生的办公费、广告费、交际应酬费。

（2）印花税。

（3）经投资人确认由企业负担的进行可行性研究所发生的费用。

（4）其他与筹建有关的费用，如资讯调查费、诉讼费、文件印刷费、通信费以及庆典礼品费等支出。

（四）其他投资

开办企业，除了需要预测上述的固定资产、无形资产和开办费的投资金额，还需要根据所开设的企业，预测可能发生的其他投资，如租金支出、装修费用等。

1. 租金支出

对于营业场所或设备是租用他人财产的，通常以支付租金为代价，这是一项重要的成本项目。创业者需要根据租金的支付方式来进行资金预测，同时，将它作为成本项目计入预算。常见的按年支付的情况下，预先一次性支付的租金分摊到12个月中，计入每个月的成本。

2. 装修费用

装修费用通常在开业前一次投入，属于一次性支出的金额。装修费用也要根据不同的情况来进行不同的分析。

如装修对象属于企业租赁，则装修费按租赁期限进行摊销。当装修费用较小时，承租人可一次性计入当期的费用；当费用额较大时，可计入待摊费用，再分期摊销，也可以视金额大小在租赁期内平均分摊。具体可根据企业的实际情况进行账务处理。

二、流动资金（营运资金）

（一）营运资金概述

一个企业要维持正常的运转就必须拥有适量的营运资金。营运资金从会计的角度看，是指流动资产与流动负债的差额。

流动资产是指可以在一年以内或者超过一年的一个营业周期内，实现变现或运用的资产，流动资产具有占用时间短、周转快、易变现等特点。企业拥有较多的流动资产，可在一定程度上降低财务风险。流动资产主要包括货币资金、应收账款和存货。

流动负债是指需要在一年或者超过一年的一个营业周期内偿还的债务。流动负债又称短期融资，具有成本低、偿还期短的特点，必须认真进行管理，否则将使企业承受较大的风险。流动负债主要包括短期借款、应付账款、应付职工薪酬、应交税费等。

由于初创企业的规模通常较小，其涉及的业务也比较简单，应收和应付类的款项不多，因此，本书仅就小型企业业务情况，从占用流动资产比重较大的原材料（或外购商品）和包装费，以及各项常见的经营费用项目进行阐述。

（二）原材料（或外购商品）和包装物

1. 存货及其分类

存货是指企业在日常活动中持有以备出售的产成品或商品、处在生产过程中的在产品、在生产过程或提供劳务过程中耗用的材料或物料等，包括各类材料、在产品、半成品、产成品或库存商品以及包装物、低值易耗品、委托加工物资等。

一般情况下，企业的存货包括下列三种类型的有形资产：

（1）在正常经营过程中存储以备出售的存货。这是指企业在正常的过程中处于待销状态的各种物品，如工业企业的库存产成品及商品流通企业的库存商品。

（2）为了最终出售正处于生产过程中的存货。这是指为了最终出售但目前处于生产加工过程中的各种物品，如工业企业的在产品、自制半成品以及委托加工物资等。

（3）为了生产供销售的商品或提供服务以备消耗的存货。这是指企业为生产产品或提供劳务耗用而储备的各种原材料、燃料、包装物、低值易耗品等。

从本书案例"鹿小姐的花艺境地"来看，流动资产中的存货类资产主要是原材料（或外购商品）和包装物。

2．原材料（或外购商品）

原材料是指生产某种产品的基本原料。它是用于生产过程起点的产品。原材料是企业存货的重要组成部分，其品种、规格较多。原材料可分为原材料及主要材料、辅助材料、外购半成品、修理用备件、包装材料、燃料等。

小型企业常常是增值税小规模纳税人，且原材料一般按实际成本计价核算居多。

原材料采购成本主要由材料的买价和采购费用两部分构成。

（1）购买原材料，结算价款即买价。买价＝单价×数量。

（2）支付各种材料采购费用，包括运输费、装卸费、保险费、包装费、仓储费、入库前的挑选整理费、运输途中的合理损耗，以及关税、消费税和无法抵扣的增值税等。

3．包装物

包装物是指在生产流通过程中，为包装本企业的产品或商品，并随同它们一起出售、出借或出租给购货方的各种包装容器，如桶、箱、瓶、坛、筐、罐、袋等，用来容纳、保护、搬运、交付和提供商品。

包装物很难从它的用途或功能来进行区分，因为其用途具有多样性。

（1）视同原材料的"包装物"。有一类包装物，其主要用于产品的生产，与原材料一样形成产品的实体，因此，一般将它等同原材料来进行核算。

（2）视同工具的"包装物"。这种包装物是为保管或保存企业别的存货而需要的包装容器或包装器具，虽然这些包装物有"包装"的外刑和功能，但其实质上只是一种"劳动工具"，因此，可以视为具有"包装"功能的低值易耗品（如果价值上符合固定资产的标准，其还应归入"固定资产"）。

（3）随同商品出售不单独计价的包装物。这些包装物是在商品销售过程中，或为商品的保管提供方便，或为商品的美观考虑，或为顾客提供方便等而伴随着商品一同出售，不单独向顾客收取价款的包装物。

（4）随同商品出售单独计价的包装物。这些包装物尽管也随同商品一同出售，但因为价值较高，并且顾客一般也有选择的权利（如有些食品的礼品盒），对需要的顾客采用在商品价格外单独收费的包装物。这类包装物在经营食品和礼品的企业中较为常见。

（5）出租出借的包装物。企业出租出借的包装物一般也是与企业的销售有关，并且是一些可以周转使用的包装物。包装物出租过程中企业向承租方收取租金，出借是企业无偿向对方借出包装物。

对于小微企业来讲，包装物的划分可能不会特别详细，通常是将包装物作为一种外购商品来处理。

（三）其他经营费用（不包括折旧费和贷款利息）

对于投入运营后的企业，必须对可能发生的各项经营费用进行预测，以估算所需准备的流动资金。

1. 工资和薪金

业主需根据企业规模，合理估算拟聘用的人员以及相应的工资和薪金的支出。同时，在进行成本核算时，不能将业主自己的工资遗漏了。假如涉及业主和员工的保险和税金等，也需要一并估算。

2. 租金

租金的发生需视情况而定。如果是一次性支付全年或几年的，应按月摊销，一般按平均法计入每月的租金费用；如果是按月支付，则按照实际支出计入每月租金支出。

3. 促销费用

企业在筹建期间发生的促销费用，可作为开办费。企业在运营期间发生的促销费用，按实际发生的月份和金额，计入当月费用。

4. 办公用品购置费

办公用品一次性开支过大的，可分摊到相应月份，一般也是按平均法计算分摊；如果金额不大，可全部计入发生月份的费用。

5. 维修费

机器设备等固定资产的维修费用如果一次性支出过大的，可分摊到相应月份，一般也是按平均法计算分摊；如果金额不大，可全部计入发生月份的费用。

6. 保险费

若是全年预付的保险费，如车辆的保险费用等，可以分摊计入每月费用项目；若是按月发生的保险费，则按实际金额计入当月费用项目。

7. 水电费

水电费按实际发生金额计入当月费用项目。

8. 电话费、宽带费

电话费按实际发生金额计入当月费用项目。若宽带费按年预缴，则可以分摊计入每月费用项目。

9. 其他费用

其他费用可以根据实际发生情况，一次或分摊计入当月费用。

三、相关税费

企业的纳税义务与企业的类型和规模有关。通常，大学生创业选择的企业类型为有限责任公司、个人独资企业、合伙企业或个体工商户，而且基本属于小微企业的范畴。

按照《中华人民共和国企业所得税法实施条例》第九十二条的规定，税收上的小型微利企业除要求从事国家非限制和禁止的行业外，还包括三个标准：一是资产总额，资产总额要求是工业企业资产总额不超过3 000万元，其他企业的资产总额不超过1 000万元；二是从业人数，工业企业从业人数不超过100人，其他企业从业人数不超过80人；三是税收指标，年度应纳税所得额不超过30万元，符合这三个标准的才是税收上说的小型微利企业。

小微企业需要缴纳增值税、城市维护建设税、教育费附加、个人所得税、企业所得税等。

（一）增值税

1. 概述

增值税是以商品（含应税劳务）在流转过程中产生的增值额作为计税依据而征收的一种流转税。从计税原理上说，增值税是对商品生产、流通、劳务服务中多个环节的新增价值或商品的附加值征收的一种流转税。实行价外税，也就是由消费者负担，有增值才征税，没增值不征税。但在实际中，商品新增价值或附加值在生产和流通过程中是很难准确计算的。因此，我国也采用国际上普遍采用的税款抵扣的办法，即根据销售商品或劳务的销售额，按规定的税率计算出销售税额，然后扣除取得该商品或劳务时所支付的增值税款，也就是进项税额，其差额就是增值部分应交的税额。《中华人民共和国增值税暂行条例》将纳税人按其经营规模大小以及会计核算是否健全划分为一般纳税人和小规模纳税人。

2019年，最新小规模纳税人认定标准：根据《财政部 税务总局关于统一增值税小规模纳税人标准的通知》的规定，增值税小规模纳税人标准为年应征增值税销售额500万元及以下。小微企业通常也是小规模纳税人。

2. 应纳税额的计算

小规模纳税人采用简易征收的办法，适用征收率为3%。

计算公式如下：

$$应纳税额 = 销售额 \times 征收率$$

$$销售额 = 含税销售额 \div (1 + 征收率)$$

注意，式中的销售额为不含税销售额，如果是收入总额（含税销售额）应换算成不含税销售额再进行计算。

如某企业为增值税小规模纳税人，2020年6月的销售收入为103万元，则当月应缴纳的增值税额为3万元。

$$103 \div (1 + 3\%) \times 3\% = 3（万元）$$

注：目前小微企业实施普惠性税收减免政策，对月销售额10万元以下的增值税小规模纳税人免征增值税。

(二)城市维护建设税及教育费附加

凡是缴纳增值税的纳税义务人,还必须同时缴纳城市维护建设税和教育费附加。

1. 城市维护建设税

城市维护建设税是以纳税人实际缴纳的流通转税额为计税依据征收的一种税,纳税环节确定在纳税人缴纳的增值税、消费税的环节上,从商品生产到消费流转过程中,只要发生增值税、消费税中一种税的纳税行为,就要以这种税为依据计算缴纳城市维护建设税。

公式:应纳税额=(增值税+消费税)×适用税率

税率按纳税人所在地分别规定为市区7%,县城和镇5%,乡村1%。大中型工矿企业所在地不在城市市区、县城、建制镇的,税率为1%。

2. 教育费附加

教育费附加是由税务机关负责征收,同级教育部门统筹安排,同级财政部门监督管理,专门用于发展地方教育事业的预算外资金。教育费附加以纳税人实际缴纳的增值税、消费税的税额为计费依据。

$$应纳教育费附加=(实际缴纳的增值税+消费税)×3\%$$

(三)个人所得税

1. 概述

个人所得税是国家对本国公民、居住在本国境内的个人所得和境外个人来源于本国的所得征收的一种所得税。

征税内容包括工资、薪金所得、劳务报酬所得、稿酬所得、特许权使用费所得、经营所得、利息所得、股息所得、红利所得、财产租赁所得、财产转让所得、偶然所得、其他所得。个人所得税的征收方式可分为按月计征和按年计征。

注:新个税法于2019年1月1日起施行,2018年10月1日起施行最新起征点(5 000元)和税率。新个税法规定,自2018年10月1日至2018年12月31日,纳税人的工资、薪金所得,先行以每月收入额减除费用5 000元以及专项扣除和依法确定的其他扣除后的余额为应纳税所得额,依照个人所得税税率表(综合所得适用)按月换算后计算缴纳税款,并不再扣除附加减除费用。

个人所得税根据不同的征税项目,分别规定了三种不同的税率:

(1)综合所得(工资、薪金所得,劳务报酬所得,稿酬所得,特许权使用费所得),适用7级超额累进税率,按月应纳税所得额计算征税。该税率按个人月工资、薪金应税所得额划分级距,最高一级为45%,最低一级为3%,共7级(表5-1)。

(2)经营所得适用5级超额累进税率。适用按年计算、分月预缴税款的个体工商户的生产、经营所得和对企事业单位的承包经营、承租经营的全年应纳税所得额划分级距,最低一级为5%,最高一级为35%,共5级(表5-2)。

表 5-1　居民个人综合所得适用个人所得税税率表

级数	全年应纳税所得额	税率/%	速算扣除数
1	不超过 36 000 元的部分	3	0
2	超过 36 000 元至 144 000 元的部分	10	2 520
3	超过 144 000 元至 300 000 元的部分	20	16 920
4	超过 300 000 元至 420 000 元的部分	25	31 920
5	超过 420 000 元至 660 000 元的部分	30	52 920
6	超过 660 000 元至 960 000 元的部分	35	85 920
7	超过 960 000 元的部分	45	181 920

表 5-2　经营所得适用个人所得税税率表

级数	全年应纳税所得额	税率/%	速算扣除数
1	不超过 30 000 元的	5	0
2	超过 30 000 元至 90 000 元的部分	10	1 500
3	超过 90 000 元至 300 000 元的部分	20	10 500
4	超过 300 000 元至 500 000 元的部分	30	40 500
5	超过 500 000 元的部分	35	65 500

（3）比例税率。对个人的利息、股息、红利所得，财产租赁所得，财产转让所得，偶然所得和其他所得，按次计算征收个人所得税，适用 20% 的比例税率。

本书重点介绍与初创小微企业相关的工资薪金所得（与所雇佣员工有关）及经营所得（与业主有关）。

2. 工资、薪金所得

工资、薪金所得是指个人因任职或受雇而取得的工资、薪金、奖金、年终加薪、劳动分红、津贴、补贴以及与任职或受雇有关的其他所得。这就是说，个人取得的所得，只要是与任职、受雇有关，无论其单位的资金开支渠道或以现金、实物、有价证券等形式支付的，都是工资、薪金所得项目的课税对象。

应纳税所得额 = 月度收入 − 5 000 元（免征额）− 专项扣除（三险一金等）− 专项附加扣除 − 依法确定的其他扣除。

个人所得税采用速算扣除数法，计算超额累进税率的所得税时的计税公式：

应纳税额 = 应纳税所得额 × 适用税率 − 速算扣除数（参考表 5-1）

3. 经营所得

对个体工商户业主、个人独资企业和合伙企业投资者的生产经营所得依法计征个人所得税。经营所得包括个体工商户的生产、经营所得和对企业事业单位的承包经营、承租经营所得。个体工商户的生产、经营所得应纳的税款按年计算，分月预缴，年度终了后三个月内汇算清缴，多退少补。

个体工商户的个人所得税征收有查账征收和定额核定征收两种方式。

个体工商户实行查账征收的,以每一纳税年度的收入总额,减除成本、费用以及损失后的余额,为应纳税所得额。适用 5%~35% 的超额累进税率计算缴纳个人所得税。个体业主的工资不作为成本、费用扣除,但业主可以扣除生计费用,减除费用按照 5 000 元 / 月执行。

$$应纳税所得额 = 收入总额 - 成本、费用及损失 - 5\ 000 \times 12$$
$$应纳税额 = 累计应纳税所得 \times 适用税率 - 速算扣除数$$

凡实行定期定额核定征收个人所得税的,按行业应税所得率计算应纳税所得额和应纳税额,公式为:

$$年应纳税所得额 = 年销售收入额 \times 应税所得率(由税务局定,各行业不一样)$$
$$年应纳税额 = 年应纳税所得额 \times 适用税率 - 速算扣除数(参考表 5-2)$$
$$月应纳税额 = 年应纳税额 \div 12$$

(四)企业所得税

在中华人民共和国境内,企业和其他取得收入的组织(以下统称企业)为企业所得税的纳税人。企业所得税的纳税人包括各类企业、事业单位、社会团体、民办非企业单位和从事经营活动的其他组织。个人独资企业、合伙企业不属于企业所得税纳税义务人。如果业主将企业注册成有限责任公司,则依法缴纳企业所得税。

企业所得税的税率为 25% 的比例税率,符合条件的小型微利企业,减按 20% 的税率征收企业所得税。

企业所得税法定扣除项目是据以确定企业所得税应纳税所得额的项目。企业所得税条例规定,企业应纳税所得额是企业的收入总额减去成本、费用、损失以及准予扣除项目的金额。

$$应纳所得税额 = 当期应纳税所得额 \times 适用税率$$
$$应纳税所得额 = 收入总额 - 准予扣除项目金额$$

第二部分 实训操作

【实训主题】

投资预测、成本费用项目预测。

【实训目标】

完成启动资金的预测和成本费用项目的估算。

【实训准备】

业主需要了解拟筹建的企业可能发生的投资项目，通过各种方式进行询价，与供应商进行接洽，得出合理的金额数据；确定固定资产的折旧年限；对投入运营后企业的流动资金项目进行分析和估算；对于预付的费用项目确定分摊期限。学员在导师的指导下，完成"鹿小姐的花艺境地"项目成本结构中的各项任务。

【实训任务】

学员在实际的商业环境中，完成自选项目成本结构任务中的实景能力训练，明确企业将获得的营业执照、许可证，企业承担的其他法律责任（保险、纳税等），投资，流动资金，其他经营费用等内容。

【实训流程和要求】

学员登录网站 person/login.html，进入 SYB 创业实训页面，输入账号和密码，进入创业计划书撰写页面（图 5-1）。

图 5-1　创业计划书撰写页面

单击"CS 成本结构"模块，完成所属具体内容。

第一步：企业开业及承担的法律责任

本步内容包括明确企业将获得的营业执照、许可证，企业承担的其他法律责任（保险、纳税等）（图 5-2）。

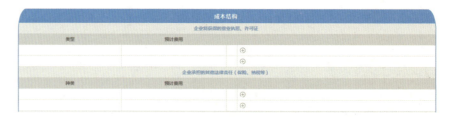

图 5-2　企业开业及承担的法律责任

创办新企业，首先得给它一个明确的法律地位，如同办理"户口"。根据我国法律规定，新办企业必须经工商行政管理部门核准登记，发给营业执照并获得有关部门颁发的经营许可证（如卫生、环保、特种行业许可证等）。营业执照是企业主依照法定程序申请的、规定企业经营范围等内容的书面凭证。企业只有领取了营业执照，才算有了"正式户口"般的合法身份，才可以开展各项法定的经营业务。

根据上述指导，完成表格内容。

第二步：投资各项内容填制

（一）固定资产

1. 机器、机械和其他生产设备

平台中填写的界面如图 5-3 所示。

投资（机器、机械和其他生产设备）			
说明：根据企业销售量的预测，假设达到100%的生产能力，拟购置以下机器、机械和其他生产设备			
项目	数量	单价	金额/元
合计			
供应商信息（机器、机械和其他生产设备）			
供应商名称	地址		电话或传真

图 5-3　机器、机械和其他生产设备

为便于讲解，转化成表格如下：

根据预测的销售量，假设达到 100% 的生产能力，企业需要购买以下设备（表 5-3）。

表 5-3　企业需购买的设备

项目	数量	单价	金额/元
供应商名称	地址		电话或传真

2. 器具、工具和家具

平台中填写的界面如图 5-4 所示。

投资（器具、工具和家具）			
说明：根据企业生产经营活动的需要，拟购置以下器具、工具和家具			
项目	数量	单价	金额/元
合计			

图 5-4　器具、工具和家具

转化成表格填写见表5-4。

表5-4 家具

项目	数量	单价	金额/元
桌子	2张	2 000	4 000
椅子	10把	200	2 000
……			
合计			6 000

3. 交通工具

平台中填写的界面如图5-5所示。

图5-5 交通工具

转化成表格如下：

根据交通及营销活动的需要，拟购置表5-5中的交通工具。

表5-5 交通工具

项目	数量	单价	金额/元
合计			
供应商名称	地址		电话或传真

4. 电子设备

平台中填写的界面如图5-6所示。

图5-6 电子设备

转化成表格如下：

根据企业办公的需要，拟购置表 5-6 中的电子设备。

表 5-6　电子设备

项目	数量	单价	金额 / 元
收银机	1	2 000	2 000
计算机	1	3 000	3 000
打印机	1	800	800
……			
合计		5 800	5 800
供应商名称	地址		电话或传真

注：工器具的折旧年限为五年；电子设备的折旧年限为三年。

（二）无形资产

平台中填写的界面如图 5-7 所示。

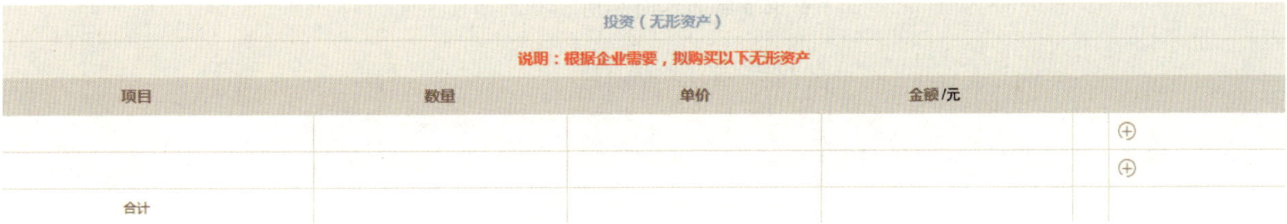

图 5-7　无形资产

转化成表格如下：

根据企业的需要，开业前拟购买表 5-7 中的无形资产。

表 5-7　无形资产

项目	数量	单价	金额 / 元
合计			

（三）开办费

平台中填写的界面如图 5-8 所示。

投资（开办费）				
说明：根据企业需要，开业前需支付以下费用				
项目	数量	单价	金额/元	
				⊕
				⊕
合计				

图 5-8　开办费

转化成表格如下：

根据企业的需要，需支付表 5-8 中的开办费。

表 5-8　开办费

项目	数量	单价	金额/元
刻章费用			350
合计			350

（四）其他投入

平台中填写的界面如图 5-9 所示。

其他投资				
说明：根据企业需要，除固定资产、无形资产、开办费外，还需支付以下费用				
项目	数量	单价	金额/元	
				⊕
				⊕
合计				

图 5-9　其他投入

根据企业的需要，除固定资产、无形资产、开办费外，开业前还需支付表 5-9 中的费用。

表 5-9　其他投入

项目	数量	单价	金额/元
（1）装修费			10 000
（2）全年租金支出			24 000
合计			34 000

注：租金按 12 个月平均分摊，计算每月的租金成本项目；装修费按租赁期 36 个月平均分摊，计入每月的成本项目。

（五）投资概要

投资概要见表5-10。

表5-10　投资概要

项目	金额/元	月折旧额/摊销额/元
房屋、建筑物		
机器、机械和其他生产设备		
器具、工具和家具	6 000	100
交通工具		
电子设备	5 800	161
无形资产		
开办费	350	29
其他投入（1）	10 000	278
其他投入（2）	24 000	2 000
……		
合计		

第三步：填制流动资金（月）表格

1. 原材料（或商品）和包装费

平台中填写的界面如图5-10所示。

图5-10　原材料（或商品）和包装费

转化成表格填写见表5-11。

表5-11　原材料（或商品）和包装费

项目	数量	单价	金额/元
合计			
（1）花束定制	300	100	30 000
（2）包月花束	250	40	10 000
合计			40 000
供应商名称	地址		电话或传真

2. 其他经营费用（不包括折旧费和贷款利息）

其他经营费用（不包括折旧费和贷款利息）包括工资、租金、促销费、办公用品购置费、维修费、保险费、水电费、电话费、宽带费、其他费用等，按月计算（表5-12）。

表 5-12 其他经营费用

项目	费用/元	备注
工资	11 500	
租金	2 000	24 000元/年
促销费	100	
办公用品购置费	100	
维修费		
保险费	2 700	
水电费	300	
电话费	100	
宽带费	50	600元/年
其他费用		
合计	16 850	

【实训总结评价】

通过上述实训，熟悉创办企业所需的资金投入，包括固定资产投入、流动资金准备、无形资产考量等，还需掌握企业纳税、承担社会责任需支出的成本。

收入来源　任务六

任务六主要指向创业计划书的收入来源模块。

第一部分 知识准备

企业是以盈利为目的的，利润来自产品销售收入与产品成本的差额。企业一旦运转起来，能获得利润吗？所以开办时所需要的钱是需要认真计算的。前一个任务已经分析了各种可能发生的资金支出，对各项投资、成本费用项目进行了预算。那么在经营过程中，什么时候盈？什么时候亏？如何保证正常运转？

在本任务中，我们将学习盈亏平衡点、制定价格的方法、练习销售收入预测的方法。在此基础上，结合任务五，学习制定销售成本计划、制定现金流量计划，同时了解如何筹措资金。

一、盈亏平衡点

（一）盈亏平衡点概述

盈亏平衡点（Break Even Point，简称 BEP）又称零利润点、保本点、盈亏临界点、损益分歧点、收益转折点。通常是指全部销售收入等于全部成本时的产量。

认识盈亏平衡点，对于确定销售价格、预测销售收入具有重要的参考意义。以盈亏平衡点为界限，当销售收入高于盈亏平衡点时企业盈利，反之，企业就亏损。盈亏平衡点可以用销售量来表示，即盈亏平衡点的销售量；也可以用销售额来表示，即盈亏平衡点的销售额。

盈亏平衡分析就是找产量和销售的平衡点。一般常用的盈亏平衡公式为：

$$盈亏平衡产量\ Q'=C_f/(P-C_v)$$

式中　Q'——盈亏平衡产量；

　　　C_f——固定成本；

　　　P——产品/服务单价；

　　　C_v——单位变动成本。

或

$$盈亏平衡点 = 固定成本 \div （单位售价 - 单位变动成本）$$

例：某企业固定成本为 35 000 元，产品单价为 80 元/件，单位变动成本为 60 元/件，计算其盈亏平衡点。

那么，盈亏平衡点为 35 000/（80-60）=1 750（件）。也就是说，当单价为 80 元，产量为 1 750 件时，企业刚好能够保本。而低于 1 750 件时，则会发生亏损；高于 1 750 件时，才能获利。

计算盈亏平衡点，先需要分析确定企业的固定成本与变动成本；再根据企业的固定成本、产品单价、单位变动成本计算其盈亏平衡点。

（二）成本习性

成本习性也称为成本性态，是指成本总额与业务总量之间的依存关系。这里的成本总额主要是指为取得营业收入而发生的营业成本费用，包括全部生产成本和销售费用、管理费用及财务费用等非生产成本。它是盈亏平衡点分析的基础，也能够运用于其他的经营决策。

成本按习性可划分为固定成本、变动成本和混合成本三类。在实务中，企业一般将所有成本通过一定方法划分为固定成本与变动成本两大类。

1．固定成本

固定成本也称为固定费用，是指在一定的范围内不随产品产量或销售量变动而变动的那部分成本。

在我国，可以作为固定成本看待的项目包括生产成本中不随产量变动的办公费、差旅费、折旧费、劳动保护费、管理人员薪金和租赁费等；销售费用中不受销量影响的销售人员薪金、广告费和折旧费等；管理费用中不受产量或销量影响的企业管理人员薪酬、折旧费、租赁费、保险费等；财务费用中不受产量或销量影响，各期发生额稳定的利息支出等。

固定成本大部分是间接成本，在相关范围内，其成本总额不受产量增减变动的影响。

2．变动成本

变动成本是指在一定条件下，成本总额随着业务量的变动而呈正比例变动的成本。

在我国，可以作为变动成本看待的项目包括生产成本中直接用于产品制造的与产量成正比的原材料、燃料及动力，外部加工费，外购半成品，按产量法计提的折旧费和单纯计件工资形式下的生产工人工资；销售费用、管理费用和财务费用中那些与销售量成正比的费用项目。

3．单位产品（或商品）成本

首先需要确定一定期间的成本总额：

$$产品成本总额 = 固定成本总额 + 变动成本总额$$

其次计算单位产品成本：

$$单位产品成本 = 产品成本总额 / 生产数量$$

这里的生产数量，可以是盈亏平衡点的生产数量。

二、制定产品的销售价格

合理而科学的定价，可以促成交易的达成。对商品进行定价需要考虑很多因素，如成本、顾客、竞争对手和其他外部因素等，并没有一个直接的公式可以进行计算。

一般定价的分类可以归纳为成本导向、需求导向和竞争导向三类。

（一）成本导向定价法

以产品的成本为主要依据制定价格的方法统称为成本导向定价法，这是最简单、应用相当广泛的一种定价方法。

1. 总成本定价法：成本加成定价法、目标利润定价法

（1）成本加成定价法（Cost-plus Pricing），即按产品单位成本加上一定比例的毛利定出销售价。

计算公式：

$$P = c \times (1+r)$$

式中　P——商品的单价；

　　　c——商品的单位总成本；

　　　r——商品的加成率。

（2）目标利润定价法，是根据企业总成本和预期销售量，确定一个目标利润率，并以此作为定价的标准。

计算公式：

$$单位商品价格 = 总成本 \times (1+目标利润率) / 预计销量$$

2. 边际成本定价法

边际成本定价是指增加单位产量所引起的总供给成本的增加量。

边际成本定价法也叫边际贡献定价法，该方法以变动成本作为定价基础，只要定价高于变动成本，企业就可以获得边际收益（边际贡献），用以抵补固定成本，剩余即为盈利。

3. 盈亏平衡定价法

盈亏平衡定价法（Breakeven Pricing），是运用损益平衡原理实行的一种保本定价法，也叫作保本定价法或收支平衡定价法，是指在销量既定的条件下，企业产品的价格必须达到一定的水平才能做到盈亏平衡、收支相抵。企业试图找到一种价格，使用这种价格时，企业的收入与成本相抵，利润为零；或者能达到期望中的利润目标。

计算公式：

$$单价 = 单位变动成本 + 固定成本 \div 销售量$$
$$盈亏平衡点销售量 = 固定成本 / (单价 - 单位变动成本)$$
$$盈亏平衡点销售额 = 固定成本 / (1 - 单位变动成本率)$$

（二）需求导向定价法

需求导向定价法是指根据市场需求状况和消费者对产品的感觉差异来确定价格的定价方法。它包括以下三种。

1. 认知导向定价法

认知导向定价法是根据消费者对企业提供的产品价值的主观评判来制定价格的一种定价方法。

2. 逆向定价法

逆向定价法是指依据消费者能够接受的最终销售价格，考虑中间商的成本及正常利润后，逆向推算出中间商的批发价和生产企业的出产价格。

可通过公式计算价格：

出厂价格＝市场可零售价格×（1-批零差率）×（1-进销差率）

3．习惯定价法

习惯定价法是按照市场长期以来形成的习惯价格定价。

（三）竞争导向定价法

竞争导向定价法是企业通过研究竞争对手的生产条件、服务状况、价格水平等因素，依据自身的竞争实力，参考成本和供求状况来确定商品价格。是以市场上竞争者类似产品的价格作为该企业产品定价的参照系的一种定价方法。竞争导向定价法主要包括随行就市定价法、产品差别定价法和密封投标定价法。

1．随行就市定价法

在垄断竞争和完全竞争的市场结构条件下，任何一家企业都无法凭借自己的实力在市场上取得绝对的优势，为了避免竞争特别是价格竞争带来的损失，大多数企业都采用随行就市定价法，即将该企业某产品价格保持在市场平均价格水平上，利用这样的价格来获得平均报酬。

此外，采用随行就市定价法，企业就不必去全面了解消费者对不同价差的反应，也不会引起价格波动。

2．产品差别定价法

产品差别定价法是指企业通过不同营销努力，使同种同质的产品在消费者心目中树立起不同的产品形象，进而根据自身特点，选取低于或高于竞争者的价格作为该企业产品价格。因此，产品差别定价法是一种进攻性的定价方法。

3．密封投标定价法

在国内外，许多大宗商品、原材料、成套设备和建筑工程项目的买卖和承包，以及出售小型企业等，往往采用发包人招标、承包人投标的方式来选择承包者，确定最终承包价格。一般来说，招标方只有一个，处于相对垄断的地位，而投标方有多个，处于相互竞争地位。

标的物的价格由参与投标的各个企业在相互独立的条件下确定。在买方招标的所有投标者中，报价最低的投标者通常中标，其报价就是承包价格。这样一种竞争性的定价方法就称为密封投标定价法。

三、销售收入

（一）销售收入概述

销售收入是企业的主要经营成果，是企业取得利润的重要保障。

销售收入是企业补偿生产经营耗费的资金来源。销售收入的实现关系到企业再生产活动的正常进行，加强销售收入管理，可以使企业的各种耗费得到合理补偿，有利于再生产活动的顺利进行。

销售收入是企业现金流入量的重要组成部分。

加强营业收入管理,可以促使企业深入研究和了解市场需求的变化,以便做出正确的经营决策,避免盲目生产,这样可以提高企业的素质,增强企业的竞争力。

(二)销售收入的确认

销售收入确认的方法较多,根据会计准则的规定,它包括:①在销售成立时确认营业收入;②在收到货款时确认营业收入;③根据生产完成程度确认营业收入。我国一般采用权责发生制,以商品、产品所有权的转移即收到销售货款或取得收款凭证的权利为准。

权责发生制确认销售收入的条件如下:

(1)与收入相关的交易行为已经发生或商品的所有权已经转移;

(2)获取收入的过程已经完成或已得到取得货币资金的权利。

不同的销售方式下,销售收入的确认如下:

(1)用直接收款方式销售。若货款已经收到或已取得收取货款的凭证,发票账单和提货单已交给购货方,无论商品、产品是否发出,都应视为销售收入实现。

(2)托付承收和委托银行收款结算的方式销售。以商品产品已经发出,劳务已经提供,并已经将发票、账单及运输部门的提货单等有关单据提交给银行,并办妥托收手续作为销售收入的实现。

(3)采取分期收款方式销售。以本期收到的现款或以合同约定的本期应收现款的日期作为本期收入的实现。

(4)预收货款方式销售。以商品、产品发出或劳务提供给接受方作为收入的实现。

(5)用委托其他单位代销方式销售。以代销的商品、产品已经销出,收到代销单位的代销清单,作为销售收入的实现。

(6)出口商品的销售。陆运的以取得货物承运单或铁路运单,海运的以取得出口装船提单,空运的以取得空运运单,并向银行办理交单后作为销售收入的实现。

(7)自营进口商品销售。实行货到结算的,在货物到达我国港口已取得外运公司的船舶到岸通知单,向订货单位开出结算凭证后,作为销售收入的实现;实行单到结算的,以国外账单向订货单位开出结算凭证后,作为销售收入的实现。

(8)采用商业汇票方式销售。在发出商品和取得商业汇票后,作为销售收入的实现。

(三)销售收入预测

销售收入的计量非常简单,一经确认的收入,按以下公式计算:

$$销售收入 = 产品销售数量 \times 产品单价$$

企业可以根据销售品类,逐一预测可能发生的销售收入。

四、现金流量

（一）现金流量概述

现金流量是指企业在一定会计期间按照现金收付实现制，通过一定经济活动（包括经营活动、投资活动、筹资活动和非经常性项目）而产生的现金流入、现金流出及其总量情况的总称，即企业一定时期的现金和现金等价物的流入和流出的数量。例如，销售商品、提供劳务、出售固定资产、收回投资、借入资金等，形成企业的现金流入；购买商品、接受劳务、购建固定资产、现金投资、偿还债务等，形成企业的现金流出。

现金流量管理中的现金不是通常所理解的手持现金，而是指企业的库存现金和银行存款，还包括现金等价物，即企业持有的期限短、流动性强、容易转换为已知金额的现金、价值变动风险很小的投资等。其包括现金、可以随时用于支付的银行存款和其他货币资金。

注意区别理解利润（权责发生制）与现金流量（收付实现制）。

（二）现金流量的内容

1．初始现金流量

企业在开办之前，以现金的流出为主，一般包括以下几个部分：

（1）固定资产上的投资。包括固定资产的购入或建造成本、运输成本和安装成本等。

（2）流动资产上的投资。包括对材料、在产品、产成品和现金等流动资产上的投资。

（3）其他投资费用。指与长期投资有关的职工培训费、谈判费、注册费用等。

2．营业现金流量

营业现金流量是指企业进入营业阶段，在其寿命周期内由于生产经营所带来的现金流入和流出的数量。这里的现金流入一般是指营业现金收入；现金流出是指营业现金支出和交纳的税金。现金流量一般以年为单位进行计算。在本书中，也可以根据实际情况按月进行估算。

如果没有赊销，则销售收入等于营业现金收入；营业现金支出是指付现成本（指不包括折旧等非付现的成本）。

营业现金净流量（简记为NCF）可用下列公式计算：

$$净现金流量（NCF）= 营业收入 - 付现成本 - 所得税$$

或

$$每年净现金流量（NCF）= 净利润 + 折旧$$

3．终结点现金流量

终结点现金流量是指投资项目完结时所发生的现金流量，主要包括以下内容：

（1）固定资产的残值收入或变价收入。

(2)原有垫支在各种流动资产上的资金的收回。

(3)停止使用的土地的变价收入等。

本书暂不考虑终结点的现金流量,主要关注的是启动资金和营业期间的现金流量。

(三)影响现金流量的因素

衡量企业经营状况是否良好,是否有足够的现金偿还债务,资产的变现能力等,现金流量是非常重要的指标。企业日常经营业务是影响现金流量的重要因素,但并不是所有的经营业务都影响现金流量。影响或不影响现金流量的因素主要包括以下三个方面。

首先,现金各项目之间的增减变动,不会影响现金流量净额的变动。例如,从银行提取现金、将现金存入银行、用现金购买两个月到期的债券等,均属于现金各项目之间内部资金转换,不会使现金流量增加或减少。

其次,非现金各项目之间的增减变动,也不会影响现金流量净额的变动。例如,用固定资产清偿债务、用原材料对外投资、用存货清偿债务、用固定资产对外投资等,均属于非现金各项目之间的增减变动,不涉及现金的收支,不会使现金流量增加或减少。

再次,现金各项目与非现金各项目之间的增减变动,会影响现金流量净额的变动。例如,用现金支付购买的原材料、用现金对外投资、收回长期债券等,均涉及现金各项目与非现金各项目之间的增减变动,这些变动会引起现金流入或现金支出。

第二部分 实训操作

【实训主题】

销售收入、利润及现金流量预测。

【实训目标】

完成销售成本计划、现金流量计划。

【实训准备】

业主需要确定合理的定价、预测可能实现的销售收入;在权责发生制下,对销售收入与成本费用进行匹配,预测可能实现的利润;根据收付实现制对现金流量进行分析,预测现金的余缺。学员在导师的指导下,完成

"鹿小姐的花艺境地"项目收入来源中的各项任务,以及编制销售与成本计划、现金流量计划两张表格。

【实训任务】

(1)学员在实际的商业环境中,完成自选项目收入来源任务中的实景能力训练,对企业的销售收入进行合理预测。

(2)结合成本费用预算,综合编制销售成本计划和现金流量计划。

【实训流程和要求】

学员登录网站 http://www.nbbofu.com/person/login.html,进入 SYB 创业实训页面,输入账号和密码,进入创业计划书撰写页面(图6-1)。

SYB创业实训

图6-1 创业计划书撰写页面

第一步:销售收入预测

单击"RS 收入来源"模块,进入图6-2所示界面,根据盈亏平衡原理和市场调研情况,预计销售量并制定销售价格,完成销售收入预测。

图6-2 销售收入预测页面

单击"添加产品或服务"按钮,添加产品或服务,建议表格按月填写,进行一年的销售收入预测,完成后单击"确认并提交"按钮。

以"鹿小姐的花艺境地"项目为例,填写销售收入预测(表6-1)。

表 6-1 第一步操作示例：销售收入预测（12 个月）

销售情况 销售的产品或服务	月/季/年	1月	2月	3月	4月	5月	6月	7月	8月	9月	10月	11月	12月	合计
（1）花束定制	销售数量	100	400	300	250	300	250	250	400	300	250	250	300	3 350
	平均单价	198	198	198	198	198	198	198	198	198	198	198	198	
	月销售量	19 800	79 200	59 400	49 500	59 400	49 500	49 500	79 200	59 400	49 500	49 500	59 400	663 300
（2）包月花束	销售数量	200	200	250	250	250	250	150	150	150	250	250	250	2 600
	平均单价	88	88	88	88	88	88	88	88	88	88	88	88	
	月销售量	17 600	17 600	17 600	22 000	22 000	22 000	13 200	13 200	13 200	22 000	22 000	22 000	228 800
（3）	销售数量													
	平均单价													
	月销售量													
（4）	销售数量													
	平均单价													
	月销售量													
（5）	销售数量													
	平均价格													
	月销售额													
合计	销售总量	300	600	550	500	550	500	400	550	450	500	500	550	5 950
	销售总收入	37 400	96 800	81 400	71 500	81 400	71 500	62 700	92 400	72 600	71 500	71 500	81 400	892 100

第二步：综合编制销售成本计划

结合成本费用预算，编制销售成本计划，单击"完成销售与计划成本"按钮（图6-3）。

图6-3 "完成销售与计划成本"按钮

进入图6-4所示界面。

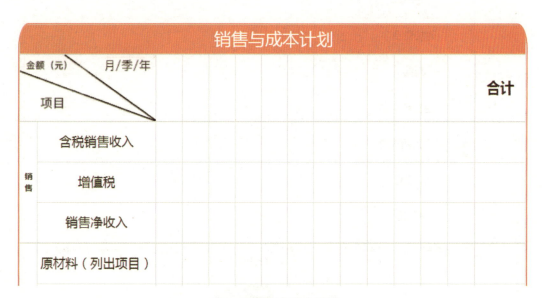

图6-4 销售与成本计划

成本	包装费											
	工资和薪金											
	租金											
	促销费											
	保险费											
	维修费											
	水电费											
	电话费											
	宽带费											
	办公用品购置费											
	其他费用											
	折旧和摊销											
	总成本											
	附加税费											
	利润											
所得税	企业所得税											
	个人所得税											
	其他											
	净利润											

注：对于"所得税"项目的填写，有限责任公司填写"企业所得税"，个体工商户、个人独资企业和合伙企业填写"个人所得税"，实行定额征收的企业填写"其他"。

[确认并提交]

图 6-4　销售与成本计划（续）

按照知识准备中的讲解完成后，单击"确认并提交"按钮。

以"鹿小姐的花艺境地"项目为例，填写销售与成本计划（表6-2）。

表 6-2 第二步操作示例：销售与成本计划

项目	金额/元	月/季/年	1	2	3	4	5	6	7	8	9	10	11	12	合计
销售		含税销售收入	37 400	96 800	81 400	71 500	81 400	71 500	62 700	92 400	72 600	71 500	71 500	81 400	892 100
		增值税	0	0	0	0	0	0	0	0	0	0	0	0	0
		销售净收入	37 400	96 800	81 400	71 500	81 400	71 500	62 700	92 400	72 600	71 500	71 500	81 400	892 100
		原材料（列出项目）													
		（1）花束定制	10 000	40 000	30 000	25 000	30 000	25 000	25 000	40 000	30 000	25 000	25 000	30 000	335 000
		（2）包月花束	8 000	8 000	10 000	10 000	10 000	10 000	6 000	6 000	6 000	10 000	10 000	10 000	104 000
		（3）													
		包装费	100	100	100	100	100	100	100	100	100	100	100	100	1 200
		工资	11 500	11 500	11 500	11 500	11 500	11 500	11 500	11 500	11 500	11 500	11 500	11 500	138 000
		租金	2 000	2 000	2 000	2 000	2 000	2 000	2 000	2 000	2 000	2 000	2 000	2 000	24 000
		促销费	100	100	100	100	100	100	100	100	100	100	100	100	1 200
成本		保险费	2 700	2 700	2 700	2 700	2 700	2 700	2 700	2 700	2 700	2 700	2 700	2 700	32 400
		维修费													0
		水电费	300	300	300	300	300	300	300	300	300	300	300	300	3 600
		电话费	100	100	100	100	100	100	100	100	100	100	100	100	1 200
		宽带费	50	50	50	50	50	50	50	50	50	50	50	50	600
		办公用品购置费	100	100	100	100	100	100	100	100	100	100	100	100	1 200
		其他费用													0
		折旧和摊销	568	568	568	568	568	568	568	568	568	568	568	568	6 816
		总成本	35 518	65 518	57 518	52 518	57 518	52 518	48 518	63 518	53 518	52 518	52 518	57 518	649 216
	附加税费		1 882	31 282	23 882	18 982	23 882	18 982	14 182	28 882	19 082	18 982	18 982	23 882	242 884
	利润														0
税费		企业所得税													0
		个人所得税													38 077
		其他													0
净利润			1 882	31 282	23 882	18 982	23 882	18 982	14 182	28 882	19 082	18 982	18 982	23 882	204 807

注：经营所得的个人所得税适用5级超额累进税率，用速算法进行计算，本案例中年应纳税所得额×适用税率－速算扣除数＝242 884×20%－10 500＝38 077（参考任务五中的表5-2）。

第三步：综合编制现金流量计划

结合成本费用预算，编制现金流量计划，单击"完成现金流量计划"按钮（图6-5）。

图6-5 "完成现金流量计划"按钮

进入如图6-6所示界面。

项目	金额（元） 月/季/年												合计
月初现金（A）													0
现金流入 现金销售收入													0
赊账销售收入													0
贷款													0
企业主（股东）投入													0
现金流入合计（B）	0	0	0	0	0	0	0	0	0	0	0	0	0

图6-6 现金流量计划

现金流出	现金采购											0
	赊账采购											0
	包装费											0
	工资和薪资											0
	租金											0
	促销费											0
	保险费											0
	维修费											0
	水电费											0
	电话费											0
	宽带费											0
	办公用品购置费											0
	其他费用											0
	贷款本息											0
	税金											0
投资（列出项目）												
现金流出合计（C）		0	0	0	0	0	0	0	0	0	0	0
月底现金（A+B-C）		0	0	0	0	0	0	0	0	0	0	0

注：对于"所得税"项目的填写，有限责任公司填写"企业所得税"，个体工商户、个人独资企业和合伙企业填写"个人所得税"，实行定额征收的企业填写"其他"。

确认并提交

图 6-6　现金流量计划（续）

按照知识准备中的讲解完成后，单击"确认并提交"按钮。其中"0"所示部分均会根据所填数值计算加总后系统自动生成数据。

以"鹿小姐的花艺境地"项目为例，填写现金流量计划（表 6-3）。

表 6-3　第三步操作示例：现金流量计划

金额：元　　月/季/年　项目		1	2	3	4	5	6	7	8	9	10	11	12	合计
现金流入	月初现金（A）	0	56 650	90 650	117 250	138 950	165 550	187 250	204 150	235 750	257 550	279 250	300 950	
	现金销售收入	37 400	96 800	81 400	71 500	81 400	71 500	62 700	92 400	72 600	71 500	71 500	81 400	892 100
	赊账销售收入													0
	货款													0
	企业主（股东）投资	100 000												100 000
	现金流入合计（B）	137 400	96 800	81 400	71 500	81 400	71 500	62 700	92 400	72 600	71 500	71 500	81 400	992 100
现金流出	现金采购	18 000	48 000	40 000	35 000	40 000	35 000	31 000	46 000	36 000	35 000	35 000	40 000	439 000
	赊账采购													0
	包装费	100	100	100	100	100	100	100	100	100	100	100	100	1 200
	工资	11 500	11 500	11 500	11 500	11 500	11 500	11 500	11 500	11 500	11 500	11 500	11 500	138 000
	租金	24 000												24 000
	促销费	1 200												1 200
	保险费	2 700	2 700	2 700	2 700	2 700	2 700	2 700	2 700	2 700	2 700	2 700	2 700	32 400
	维修费	0	0	0	0	0	0	0	0	0	0	0	0	0
	水电费	300	300	300	300	300	300	300	300	300	300	300	300	3 600
	电话费	100	100	100	100	100	100	100	100	100	100	100	100	1 200
	宽带费	600												600
	办公用品购置费	100	100	100	100	100	100	100	100	100	100	100	100	1 200
	贷款本息	0	0	0	0	0	0	0	0	0	0	0	0	0
	税金	0	0	0	0	0	0	0	0	0	0	0	0	0
	固定资产投资	22 150												22 150
	开办费													0
	其他													0
	现金总支出（C）	80 750	62 800	54 800	49 800	54 800	49 800	45 800	60 800	50 800	49 800	49 800	54 800	664 550
月底现金（A+B−C）		56 650	90 650	117 250	138 950	165 550	187 250	204 150	235 750	257 550	279 250	300 950	327 550	327 550

注：本月月初现金＝上月月底现金。

【实训总结评价】

通过上述实训,熟悉企业的收入来源,学会编制销售与成本计划表和现金流量表,这部分内容属于综合性实训项目,相对较难,希望学生认真学习知识准备部分内容,消化吸收后再结合项目编制。编制过程中需要确定合理的定价,预测可能实现的销售收入;在权责发生制下,对销售收入与成本费用进行匹配,预测可能实现的利润;根据收付实现制对现金流量进行分析,预测现金的余缺。

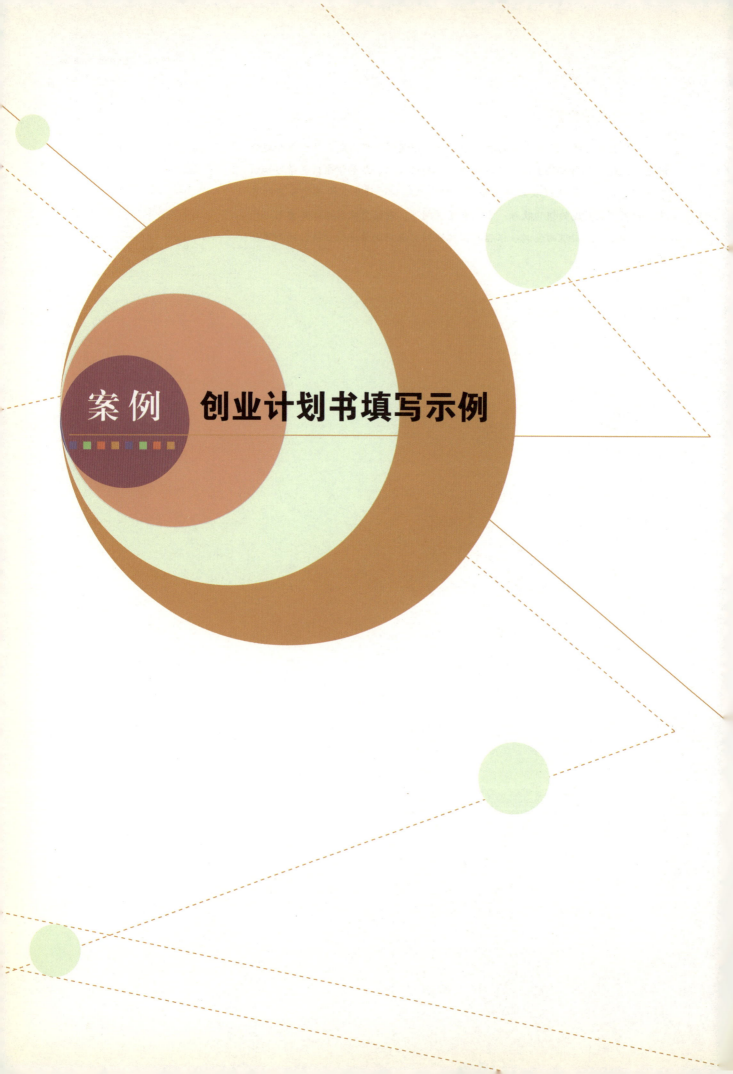

案例　创业计划书填写示例

一、关键业务

（1）企业类型：根据企业实际进行选择。

（2）企业登记注册：根据企业实际进行选择。

（3）拟订的企业名称：要求包括企业名称的四个要素中，行政区划、行业、组织形式三个要素属于共有的要素，而字号是可以独占的要素，四个要素齐全，少一个要素酌情扣分。

（4）选择创业项目的理由：创业企业的动机，可从宏观到微观。例如，国家及地方政府层面的政策支持力度，个人的主观能动性、创业项目符合好的创业项目标准，既能满足顾客需求又属于自己所擅长的领域的企业构思等；内容全面，条理清晰。

（5）简述企业愿景：明确企业发展方向，将企业发展分阶段进行规划，分为短期、中期及长期发展规划，规划完整且合理。

（6）企业主要经营范围：对业务进行分类概括，能够为企业今后的业务发展留有余地。例如，广告的设计、发布、代理制作，日用百货、文化办公用品，电子产品、保健用品、工艺品、土特产、装潢材料、陶瓷制品的销售。

（7）描述要进入行业的市场容量和变化趋势：根据目标人群数量和月消费额估算出市场容量，最好全部用数据说明，纯粹为文字说明的酌情扣分。变化趋势在一定时间内是涨还是跌，大体估算即可，能用数据形容，估算较合理。字数不少于100字。

（8）预计市场占有率是多少：能够根据竞争对手估算出自己项目的市场占有率，最好全部用数据说明，估算合理。

二、重要合作

（1）企业成员信息：根据企业类型确定合理员工人数，根据工作岗位职责等确定合理工资水平。

（2）股份合作协议：见附表1。

附表1 股份合作协议

合伙人	张三	李四	王五	赵六
出资方式	现金	现金	现金	现金
出资数额/期限	10万元/3年	10万元/3年	10万元/3年	10万元/3年
利润分配和亏损分摊/%	25	25	25	25
经营分工、权限和责任	财务	市场	企业管理	技术和生产
合伙人个人负责的部分	负责企业财务管理及筹资	负责产品市场开拓	负责企业内部管理和发展规划	负责新技术的研发和设计
协议终止和变更	2020年	2020年	2020年	2020年
其他条款	—	—	—	—

（3）企业组织结构图：要求企业人员与企业规模相匹配，岗位设置合理，相关数据符合要求。

三、核心资源

（1）相关经验：按时间先后顺序列出从高中到大学几年间相关学校组织及个人参加的社会实践活动（包括寒暑假兼职活动），最好与创业有关系，尽量多写。

例如：2020年7—8月，宁波三江超市，担任张裕葡萄酒促销员，日销售业绩超过2 000元。

（2）教育背景、所学习的相关课程：按时间顺序写出创业者所学习的相关课程，包括专业课及选修课程。描述参加相关就业创业的课程培训。

例如：2018届宁波大学新闻学院汉语言文学专业的本科生，学习了现代汉语、古代汉语、古代文学、外国文学、现当代文学、语言学概论、写作学等专业课程，同时，2019年上半年选修了市场营销、电子商务等课程。

2019年11—12月在校参加SIYB创业培训课程第1期，了解创业的相关知识并绘制出自己的创业蓝图。

（3）竞争对手的主要优劣势，相对于竞争对手，本企业的主要优劣势：

优势：是指创办企业的积极方面或强项，超越同类竞争对手的能力。可以从以下几个方面分析：①创业团队优势；②生产技术优势；③产品/服务质量优势；④资金、价格、成本优势。

劣势：是指你的企业弱点或不太擅长的方面。包括：①经营管理；②资金成本；③产品种类质量；④竞争力；⑤技能技术。

四、客户细分

（1）目标市场描述：首先，要对目标顾客及潜在顾客进行基本定位。例如，小区内有0~6岁儿童的夫妇以及已婚但还未生育的夫妇。其次，要对顾客进行详细的分析和描述，包括顾客的人口统计学变量，如性别、年龄、收入、受教育程度、顾客消费水平、消费习惯、个人喜好、职业特征、顾客的消费潜力等方面进行描述。要求字数不少于100字。

（2）准备将产品和服务销售或者提供给什么群体：明确B2B还是B2C，根据目标市场和企业实际选择销售给消费者、零售商、批发商，勾选。

（3）选择上述销售方式的原因：根据实际情况进行具体分析，字数不少于100字。

例如：选择直接向最终消费者出售。

考虑到时尚鼠标垫要针对每一位客户突出个性化设计和制作，这类产品的生产销售量比较低，所以采取上门直销和网络营销的方法，不委托其他商家代理销售，直接向终端客户销售，这样可以保障利润空间。

五、客户关系

（1）满足客户哪些需求：开展市场调研，运用马斯洛需求层次论，结合当前市场发展，对客户现实和潜在需求进行明确界定并描述，可结合客户的购买动机。

（2）顾客想要什么产品或服务：从顾客需求出发，将需求具化成产品或服务，并加以描述和说明。对应价值主张中的产品或服务的主要特征。

（3）顾客愿意支付多少钱：从顾客需求和购买力出发，拟订产品或服务顾客愿意支付的价格区间和对应的价值主张中的价格问题。

六、价值主张

（1）产品／服务主要特征：产品／服务能够逐一列出，并对主要特征（如大小形状、性能等）进行描述，让人一眼能够看出卖什么，有什么特点，能满足消费者什么需求，并与下面的价格对应（附表2）。

附表2　产品／服务的主要特征

产品／服务	主要特征
石墨烯复合材料壁贴电暖	利用石墨烯复合材料制成，产品低耗节能环保，安全系数高，占用空间小

（2）价格问题：能够与上面产品对应，参照成本价进行核算，价格格式正确。

（3）销售计划：折扣销售和赊账销售按照实际情况填写，合理即可，倾销者为零分（附表3）。

附表3　折扣销售和赊账销售

折扣销售	填写说明：按实际填写，如节假日打七折
赊账销售	填写说明：按实际填写，没有可不填

七、渠道通路

（1）地点选择：写出选址细节，要求地址要具体可信（附表4）。

附表4　地址

地址	面积/m²	租金或建筑成本/元
宁波市镇海区毓秀路56号	50	5 000/月
宁波市鄞州区嘉恒广场A座4-7号	50	72 000/年

（2）选择该地址的主要原因：此处根据企业开办需求写出选址原因，可从行业要求、地域、个人需求、租金、环境客流量等方面分析。字数不少于100字。

例如：由于设计经营时尚鼠标垫是上门销售和网络营销，不需要占用经营场地，而且鼠标垫的设计制作对于场地没有特殊要求，所以在创业初期先在城乡接合区的地带租几间比较便宜的写字楼作为生产和加工厂房，同时也能节约往来交通费。

（3）促销方式：要选择几种促销方式并预测成本，成本按月计算（附表5）。

附表5　促销方式

人员推销	说明：如上门做销售推广、发传单、举办销售会议、举办博览会、交易会等	成本预测	500元/月
广告	说明：可以通过报纸、广播、电视、招贴画、小册子、铭牌、价格表、名片、微信、网站等做广告的方式。	成本预测	400元/月
公共关系	说明：如小型赞助、媒体文章、演讲、义务举办社区活动	成本预测	300元/月
营业推广	说明：如醒目的陈列、展示、竞赛活动、买一赠一的方式	成本预测	200元/月

八、成本、收入表格（具体参考实训资料相关部分内容）

销售收入预测按12个月填写，销售数据在量化时应能充分体现淡季和旺季差异，销售收入预测数据符合逻辑关系，建议产品按照系列划分，比如按照产品材质划分，不易写得过细。

案例：

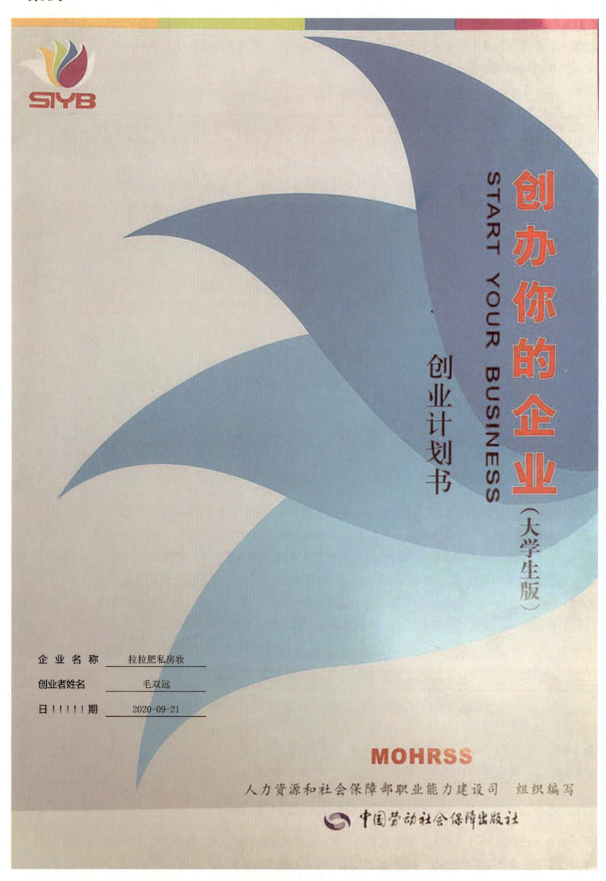

一、企业概况

选择创业项目的理由：拉拉肥私房妆店铺以韩国化妆品为销售主渠道，一个资金投入低、消费人群广、回收成本快的店，而且是门面非常好找的创业项目，一般除保留一年左右的店租、人工和日常开销外，化妆品店经营管理不用太多周转资金，非常适合小本自主创业。

简述企业愿景：我们的目标是一些不怎么注重化妆护肤的大学生，或者是一些中低收入人群。首先以低价的化妆品来吸引顾客，同时也要打造出品牌；其次做一些市场调查，让本品牌入驻郑州乃至河南省，最终销往全国；通过在经营的过程中不断改革，逐步完善，形成口碑，扩大市场占有额，形成连锁拉拉肥私房妆店铺。

企业主要经营范围：主要经营化妆品和保养品。化妆品如睫毛膏、眼影、腮红、粉饼、湿粉、粉底液、唇彩、口红、眉笔、眼线笔、唇线笔、眼线液、假睫毛。保养品如保湿霜、护手霜、面膜、精华液、滋润霜、精油、鼻膜贴、洗面奶、营养液、润白霜、隔离霜、爽肤水、祛斑霜。其他范围有香水、洗发水、脱毛膏。

企业类型：贸易企业。

二、创业者个人情况

以往相关经验（包括时间）：无。

教育背景及所学习的相关课程（包括时间）：职业培训学校学习。

三、市场评估

对目标客户进行描述：女性占大多数。有的放矢才能有效、高效地占有市场，要做到这一点，首先要对市场足够了解，对此，我们会做定期的调查，和顾客建立及时的沟通，了解她们的心声，做到确保顾客百分之百的满意率。

市场容量、变化趋势及市场前景：此行业是高利润行业，又是当今人们不可缺少的日常用品，女生对演员等更是钟情。当今社会对形象的关注前所未有的重视，为了吸引异性，为了找一份好工作，为了给他人留下好的印象，因此，人们对形象极为重视。而在我们学校尚无此类商店，社会中也是缺少规范的公司，具有远大的发展前景。

预计市场占有率、销售及拓展策略：初期通过广告宣传获得初期客户，然后靠信誉和优秀的产品迎来新的客户。同时为减少成本，此时尽量以代销为主。当公司稳定后，逐步与美容等产业的公司建立关系，并在其他学校或地区建立加盟公司或分公司，逐步扩大公司规模。

竞争对手的主要优势：信誉为先，质量过关，服务到位，我们相信："生意不成情意在"的道理。

竞争对手的主要劣势：销售初期的购买人群、口碑以及初级的销售模式。

本企业相对于竞争对手的主要优势：为客户提供最优秀的化妆品，并进行全程跟踪服务，使顾客更加清新夺目，获得对生活的自信。

本企业相对于竞争对手的主要劣势：该行业已经趋于成熟，但发展潜力仍然巨大。初期竞争者主要是校园附近的此类小商店，中期和后期的竞争主要来自大公司。

四、市场营销计划

1．产品或服务

产品或服务	主要特征
正品澳大利亚 DFNPZ 白金流明修复秋冬补水保湿油皮痘肌水乳护肤套装	白金流明 6E 水，功效：补水、保温、提亮肤色、修复、修护
露得清正品防晒乳全身防水防紫外线女 tqg61 面部防晒霜 99 nm	面部防晒单品：轻透防晒乳轻盈型
韩国 SOX 氨基酸洗面奶控油祛痘去黑头慕斯洁面乳深层清洁男女学生	资生堂单品：洗颜专科超微米洁颜乳 功效：保湿、深层清洁
韩国 SOX 氨基酸洗面奶控油祛痘去黑头慕斯洁面乳深层清洁男女学生	如薇净透平衡洁面泡沫，功效：舒缓肌肤、清洁肌肤
猫咪系列四色眼影盘大地色 jot 超火平价小众学生闪粉珠光	颜色分类：锦鲤盘、猫咪盘、小狗盘 功效：眼部修饰、易上色

2．价格

产品或服务	预测成本价格	预测销售价格	竞争对手的销售价格
正品澳大利亚 DFNPZ 白金流明修复秋冬补水保湿油皮痘肌水乳护肤套装	211/11	277/11	283/11
露得清正品防晒乳全身防水防紫外线女 tqg61 面部防晒霜 99 nm	56/11	99/11	96/11
韩国 SOX 氨基酸洗面奶控油祛痘去黑头慕斯洁面乳深层清洁男女学生	39/11	63/11	66/11
韩国 SOX 氨基酸洗面奶控油祛痘去黑头慕斯洁面乳深层清洁男女学生	61/11	97/11	79/11
猫咪系列四色眼影盘大地色 jot 超火平价小众学生闪粉珠光	36/11	69/11	66/11

销售计划

折扣销售	满 611 八折
赊账销售	无

3．地点

（1）选址细节：

地址	面积 /m²	租金或建筑成本 / 元
浙江省宁波市镇海区庄市街道 YY 号	41	4 111

（2）选择该地址的主要原因：销售面对群体为大学生，所以选择靠近大学生公寓的地址，方便宣传自己的店铺。

（3）销售方式：最终消费者。

（4）选择该销售方式的原因：为了了解产品的效果和顾客的反映，以及兑现对顾客的售后全程服务的承诺,我们将登记常来的顾客信息,或虽不常来,但一次购货量较大的客户信息,用于售后联系。这种方式既可以保障客户的权益,又可以使我们知道什么产品才是客户最欢迎的。

单位:元

广告	发传单	成本预测	311/11
人员推销	无	成本预测	无
营业推广	微信朋友圈	成本预测	1/11
公共关系	无	成本预测	无

五、企业组织结构

企业将登记注册成:个体工商户

企业将登记注册成:拉拉肥私房妆

企业成员:

职务	薪资或工资(月)
企业主或经理:毛双远	6 111
员工:YYY	4 111
员工:YYY	4 111

企业将获得的营业执照、许可证:

类型	预计费用
拉拉肥私房妆营业许可证	311 111/11

企业承担的其他法律责任(保险、纳税等):

种类	预计费用
企业保险税	31 111/11
企业增值税	1 111/11

股份合作协议

协议内容\条款 合伙人	毛双远	无		
企业计划注册资金	出资 31 万元			
出资方式	银行存款(人民币)			
出资数额		无		
股份份额及利润分配		无		
利润数额与亏损承担		无		
分工、权限和责任		无		
违约责任		无		
转股、退股及增资		无		
协议变更和终止		无		
其他条款		无		

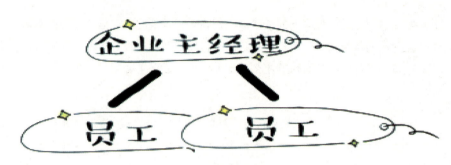

企业组织结构图

六、投资

1. 机器、机械和其他生产设备

根据企业销售量的预测，假设达到 100% 的生产能力，拟购置以下机器、机械和其他生产设备：

项目	数量	单价	金额 / 元
无	无	无	NaN
合计			

供应商名称	地址	电话或传真
无	无	无

2. 器具、工具和家具

根据企业生产经营活动的需要，拟购置以下器具、工具和家具：

项目	数量	单价	金额 / 元
皮椅	2	500.00	1 000.00
玻璃桌	1	1 000.00	1 000.00
合计	3		2 000

3. 交通工具

根据交通和营销活动的需要，拟购置以下交通工具：

项目	数量	单价	金额 / 元
轿车	1	100 000.00	100 000.00
合计	1		100 000

供应商名称	地址	电话或传真
宁波数码生产公司	浙江省宁波市镇海区庄市街道 ×× 号	0574-22222222

4. 电子设备

根据企业办公的需要，拟购置以下电子设备：

项目	数量	单价	金额／元
办公计算机	1	5 000.00	5 000.00
合计	1		5 000

供应商名称	地址	电话或传真
宁波数码生产公司	浙江省宁波市镇海区庄市街道 ×× 号	0574-11111111

5. 无形资产

根据企业需要，拟购买以下无形资产：

项目	数量	单价	金额／元
拉拉肥私房妆商标权	1	50 000	50 000.00
合计	1		50 000

6. 开办费

根据企业需要，开业前需支付以下费用：

项目	数量	单价	金额／元
商标局	1	无	NaN
合计	1		

7. 其他投资

根据企业需要，除固定资产、无形资产、开办费外，还需支付以下费用：

项目	数量	单价	金额／元
无	无	无	NaN
合计			

8. 投资概要

项目	金额/元	月折旧额/摊销额/元
房屋、建筑费	0	0
机器、机械和其他生产设备	NaN	0
器具、工具和家具	3 500.00	0
交通工具	100 000.00	0
电子设备	5 000.00	0
无形资产	50 000.00	0
开办费	NaN	0
其他投资	NaN	0
合计		0

七、流动资金（月）

1. 原材料（或商品）和包装费

项目	数量	单价	金额/元
商品包装袋	100	2.00	200.00
合计	100		200

供应商名称	地址	电话或传真
宁波包装袋生产公司	浙江省宁波市镇海区庄市街道××号	0574-44444444

2. 其他经营费用（不包括折旧费和贷款利息）

项目	金额/元	月折旧额/摊销额/元
工资和薪金	11 000.00	无
租金	0	无
促销费	2 000.00	无
办公用品购置费	5 000.00	无
维修费	0	无
保险费	1 000.00	无
水电费	200.00	无
电话费	0.00	无
其他费用	0.00	无
合计	19 200	无

八、销售收入预测

产品或服务	销售情况 \ 月/季/年	1月	2月	3月	4月	5月	6月	7月	8月	9月	10月	11月	12月	合计
护肤品、化妆品	销售数量	50	60	55	45	35	45	60	55	50	50	45	60	610
	平均单价	100	100	100	100	100	100	100	100	100	100	100	100	
	月销售额	5 000.00	6 000.00	5 500.00	4 500.00	3 500.00	4 500.00	6 000.00	5 500.00	5 000.00	5 000.00	4 500.00	6 000.00	61 000
	销售数量													
	平均单价													
	月销售额													
	销售数量													
	平均单价													
	月销售额													
	销售数量													
	平均单价													
	月销售额													
	销售数量													
	平均单价													
	月销售额													
	销售数量													
	平均单价													
	月销售额													
合计		50	60	55	45	35	45	60	55	50	50	45	60	610
														61 000

注：八、九、十3张表格，要求逐月填写1年的销售收入预测，如果企业投资回收周期较长，可选择按季或年来填写。

九、销售与成本计划

项目	金额/元 月/季/年	1月	2月	3月	4月	5月	6月	7月	8月	9月	10月	11月	12月	合计
销售	含税销售收入	5 000	6 000	5 500	4 500	3 500	4 500	6 000	5 500	5 000	5 000	4 500	6 000	61 000
	增值税	0	0	0	0	0	0	0	0	0	0	0	0	0
	销售净收入	5 000	6 000	5 500	4 500	3 500	4 500	6 000	5 500	5 000	5 000	4 500	6 000	61 000
成本	原材料（列出项目）													
														0
														0
														0
	包装费													0
	工资和薪金													0
	租金	2 000	2 000	2 000	2 000	2 000	2 000	2 000	2 000	2 000	2 000	2 000	2 000	24 000
	促销费													0
	保险费													0
	维修费													0
	水电费	300	300	300	300	300	300	300	300	300	300	300	300	3 600
	电话费	50	50	50	50	50	50	50	50	50	50	50	50	600
	宽带费	20	20	20	20	20	20	20	20	20	20	20	20	240
	办公用品购置费													0
	其他费用													0
	折旧和摊销													0
	总成本													0
附加税费														0
利润														0
所得税	企业所得税													0
	个人所得税													0
	其他													0
净利润														32 560

注：对于"所得税"项目的填写，有限责任公司填写"企业所得税"，个体工商户、个人独资企业和合伙企业填写"个人所得税"，实行定额征收的企业填写"其他"。

十、现金流量计划

金额/元 项目	月/季/年	1月	2月	3月	4月	5月	6月	7月	8月	9月	10月	11月	12月	合计
月初现金（A）			6 000	8 000	10 000	12 000	14 000	16 000	18 000	20 000	22 000	24 000	26 000	176 000
现金流入	现金销售收入	5 000	6 000	5 500	4 500	3 500	4 500	6 000	5 500	5 000	5 000	4 500	6 000	61 000
	赊账销售收入	0	0	0	0	0	0	0	0	0	0	0	0	0
	贷款	0	0	0	0	0	0	0	0	0	0	0	0	0
	企业主（股东）投入	0	0	0	0	0	0	0	0	0	0	0	0	0
	现金流入合计（B）	5 000	6 000	5 500	4 500	3 500	4 500	6 000	5 500	5 000	5 000	4 500	6 000	61 000
现金流出	现金采购	2 000	2 000	2 000	2 000	2 000	2 000	2 000	2 000	2 000	2 000	2 000	2 000	24 000
	赊账采购	0	0	0	0	0	0	0	0	0	0	0	0	0
	包装费	100	100	100	100	100	100	100	100	100	100	100	100	1 200
	工资和薪金	0	0	0	0	0	0	0	0	0	0	0	0	0
	租金	2 000	2 000	2 000	2 000	2 000	2 000	2 000	2 000	2 000	2 000	2 000	2 000	24 000
	促销费													0
	保险费													0
	维修费													0
	水电费	200	200	200	200	200	200	200	200	200	200	200	200	2 400
	电话费	50	50	50	50	50	50	50	50	50	50	50	50	600
	宽带费	20	20	20	20	20	20	20	20	20	20	20	20	240
	办公用品购置费													0
	其他费用													0
	贷款本息													0
	税金													0
	投资（列出项目）													
														0
														0
	现金流出合计（C）	4 370	4 370	4 370	4 370	4 370	4 370	4 370	4 370	4 370	4 370	4 370	4 370	52 440
月底现金（A+B-C）		630	7 630	9 130	10 130	11 130	14 130	17 630	19 130	20 630	22 630	24 130	27 630	184 560

附录 政策汇编

附录 1：创业相关政策文件及要点摘录

宁波市人力资源和社会保障局关于印发《宁波市创业培训管理暂行办法》的通知

（甬人社发〔2021〕12号）

各区县（市）人力社保局，"四区一岛"管委会人力社保部门，各有关单位：

现将《宁波市创业培训管理暂行办法》印发给你们，请遵照执行。

宁波市人力资源和社会保障局
2021年4月22日

宁波市创业培训管理暂行办法

第一章 总 则

第一条 为贯彻落实《国务院关于进一步做好就业创业工作的意见》（国发〔2019〕28号）、人力资源社会保障部《关于实施职业技能提升行动创业培训"马兰花计划"的通知》（人力社保部函〔2020〕109号）和《浙江省人民政府办公厅关于进一步做好稳就业工作的实施意见》（浙政办发〔2020〕19号）等文件精神，加强创业培训，鼓励和促进劳动者自主创业，依据《宁波市人民政府办公厅关于进一步做好稳就业工作的实施意见》（甬政办发〔2020〕41号）等文件精神，结合我市创业培训工作实际，制定本办法。

第二条 创业培训是以"培训促创业，创业带就业"为目标，对有创业愿望和培训需求的人员开展有关创业知识和能力的培养，包括GYB培训、SYB培训、IYB培训、EYB培训、网络创业培训、创业（模拟）实训、创业者领导力提升、技能创业孵化能力提升、创业指导工作室建设和创业培训师资培养。

第三条 市人力社保局负责全市创业培训统筹规划与管理工作。市财政部门负责培训资金的预算和核拨工作，并对资金的使用进行监督和管理。

各地人力社保部门负责辖区内创业培训工作的日常管理与服务工作，并负责建立内部监控制度和风险防范机制。

第四条 创业培训群体范围。创业培训要面向有创业意愿和培训需求的城乡各类劳动者。重点对贫困家庭子女、贫困劳动力、城乡未继续升学初高中毕业生（以下简称"两后生"）、各类职业院校（含技工院校，下同）学生、高校学生、离校2年内未就业高校毕业生、农村转移就业劳动者、返乡入乡创业人员、乡村创业致富带头人、下岗失业人员、转岗职工、小微企业主、个体工商户、就业困难人员（含残疾人）、退役军人、即将刑满释放人员等开展创业培训。

第二章 培训类型及要求

第五条 GYB 培训即"产生你的企业想法"创业培训，是创业意识初始阶段培训，是为具有创业愿望，但尚未有具体创业项目构思的潜在创业者提供识别商机、评估创业素质、能力和条件、激发创业意识、论证并获得切实可行的创业项目的培训。培训结束时，学员应完成《创业评估书》成果提交。培训课程不少于24课时。

第六条 SYB 培训即"创办你的企业"创业培训，是为有一定创业能力和条件的创业者提供开办小微企业基础知识和能力、帮助制定创业计划、衡量打算创办的企业是否可行、指导成功创办企业的培训。培训结束时，学员应完成《创业计划书》成果提交。培训课程不少于56课时。

第七条 IYB 培训即"改善你的企业"创业培训，是为初始创业6个月以上的创业者提供帮助建立基本的管理体系，进一步提高企业经营管理水平，改善企业并提高企业赢利能力的培训。培训结束时，学员应完成《行动计划书》成果提交。培训课程不少于56个课时。

第八条 EYB 培训即"扩大你的企业"创业培训，是为希望在扩大企业方面获得战略性建议和战略规划范围的增长型企业家提供培训。以实用的方式将企业战略管理的系统理论融会贯通于企业增长战略的制定与实施过程中，使培训对象在培训课程结束时能根据自己企业的实际情况制定出一套切实可行的企业增长战略，并以此指导企业增长战略的实施，实现企业扩大的目标。培训结束时，学员应完成《增长计划书》成果提交。培训课程不少于48个课时。

第九条 网络创业培训是为创业者进行互联网渠道创业的专业化指导和系统化训练，从而帮助创业者建立互联网创业思维，了解网络创业原理和创业流程，熟悉网络创业主流平台、模式特点及基本操作方法，提高网络创业能力。培训结束时，学员应完成《店铺计划书》成果提交。培训课程不少于54个课时。

第十条 创业（模拟）实训是为有一定创业能力和条件的劳动者提供创业实践训练，是通过模拟创业过程、建立虚拟公司将创业知识与计算机技术、信息网络相结合，以提升创业者的社会能力、经营能力和市场应变能力。培训结束时，学员应完成《实训计划书》成果提交。培训课程不少于54个课时。

第十一条 创业者领导力提升、技能创业孵化能力提升、创业指导工作室建设和创业师资培养等创业培训项目，以研修班形式，通过课堂教学、现场教学、案例教学、运营演练等教学方式，提供高级创业团队管理商战模拟、团队领导力开发、高端资源交流、高层次交流、创业咨询指导、师资教学能力提升等高端培训服务。

第十二条 GYB、SYB、IYB 培训方式采用互动式教学，讲师授课与平台训练相结合，辅以政策讲解、经验介绍、现场考察等形式。其中 GYB 线上课程不超过总学时50%；SYB、IYB 线上课程不超过总学时30%。

EYB 培训方式采用互动式教学，讲师授课和个人指导服务相结合。

网络创业培训、创业（模拟）实训培训方式依托宁波市网络创业培训平台系统，通过集中授课、操作实训和运营演练相结合的形式进行教学，其中线上课程不超过总课时50%。

第三章 实施机构

第十三条 创业培训实施机构是日常开展创业培训的实体机构，实行申报备案制。

第十四条 凡具备培训条件、愿意承担创业培训工作的职业培训机构、就业创业培训（实训）中心、各类职业院校、高校、技能创业孵化基地、众创空间等实体，均可申报备案成为创业培训机构。新增创业培训机构原则上先开展 GYB 和 SYB 培训项目。

创业培训机构应当具备以下基本条件：

（一）具有独立法人资格。

（二）具有满足创业培训教学要求的标准化教室、电脑及相应培训软件等设施设备。

（三）有 2 名及以上取得相应培训项目的专职创业讲师和 3 名及以上取得相应培训项目的兼职创业讲师。

（四）各项培训规章制度健全，创业培训相关技术标准规范（含课程内容、课时安排、创业计划书编制等）。

第十五条 创业培训机构由当地人力社保部门负责备案。符合条件的机构可向当地人力社保部门提出申请，提交《宁波市创业培训机构备案表》并录入全市统一指定平台，经备案后开展创业培训。

第十六条 创业培训机构的主要职责：

（一）项目推介，通过各类媒介、新媒体平台及线下活动，宣传就业创业政策，推介课程服务产品；

（二）品牌宣传，通过张贴宣传画、发放宣传册及宣传品等形式，宣传项目品牌；

（三）计划制定，根据计划合理做好课程推介、报名通知、学员组织、师资协调、资金安排等；

（四）学员选择，组织讲师根据学员创业情况及培训意愿，按照条件要求和标准流程，帮助学员选择适合的课程；

（五）培训需求分析，应对学员信息进行分析和简短面试，了解其知识能力水平、培训意愿及特殊需求；

（六）培训组织，应严格按照各课程技术要点做好开班筹备、跟班服务、结业组织、台账登记、信息提交、创业成果提交等工作；

（七）后续服务，应组织讲师对学员创业或企业经营情况进行定期跟踪回访和后续指导；

（八）监督评估，应运用监督评估工具，收集全过程数据，分析培训活动信息。

第十七条 宁波市高技能人才公共实训基地（创业类）和宁波市技能创业孵化平台负责全市创业培训规划及年度计划编制，牵头开展各类创业培训课程建设，提供创业培训技术管理平台开发和保障服务，开发推广各类创业培训（实训）项目，配合做好创业培训质量管理等工作；承担全市高校及职业院校学生创业培训（网络创业）工作；承担全市创业者领导力提升、技能创业孵化提升、创业指导建设和创业师资培养等示范性培训项目；承担全市技能创业孵化基地的业务指导和日常服务工作。

第四章 师资管理

第十八条 创业讲师是指参加创业讲师培训取得市人力社保局核发、人力社保部统一监制《创业培训讲师培训证书》的人员，主要承担学员培训授课任务及其他创业培训工作。

第十九条 创业培训讲师实行执证聘任制度，由市人力社保局建立创业师资库，各创业培训实施机构按规定条件聘用任课教师。

第二十条 有丰富经验的创业培训师资、创业指导（咨询）师、企业家、投资人等将优先纳入创业师资库。鼓励优秀创业培训师资建立创业指导工作室，重点负责创业培训的后续指导服务，使创业培训与创业服务有效衔接，提高创业成功率。

第二十一条 各级人力社保部门应每年安排专项资金，制定长期师资培养计划，定期组织各类创业师资培训，并通过提高培训、研讨交流、教学观摩、创业讲师业务竞赛和质量考核等活动，提升创业培训师资培训指导能力。

第五章 培训管理

第二十二条 创业培训按《宁波市职业技能培训条例》规定实行办班申报制度。创业培训实施机构应于开班前3个工作日内通过全市统一经办系统向当地人力社保部门进行开班申报。

第二十三条 创业培训实施机构应按照创业培训教学方案和课程计划要求，探索"互联网＋创业培训"，组织实施线上学习与线下培训相融合的培训模式。依托《创业培训标准（试行）》（中就培发〔2018〕2号），线上教学培训需在宁波市技能人才继续教育网等线上教学平台完成统一课时，使用统一的创业培训教材，严格按规定课时培训。所有创业培训课程均需包含创业实训环节，在全市指定平台进行成果提交。提升实际操作能力，提高创业成果成功率和转化率。

第二十四条 创业培训机构要对学员创业或企业经营情况进行定期跟踪回访和后续指导，并针对创业担保贷款、创业孵化等各类创业资源提供服务，服务过程要记录在案，留存入档。

第二十五条 创业培训机构要建立健全档案管理制度，建立培训台账，记录学员的基本情况、参加培训信息以及后续服务等信息。每期培训班的台账保存期限不少于3年。

第二十六条 各级人力社保部门要依托《创业培训标准（试行）》，完善创业培训质量监控和效果评估体系。利用大数据、区块链等技术，完善创业培训管理工作，加强创业培训信息化平台建设，做好创业培训日常管理、过程监督、培训考核、证书管理、效果评估、资金管理等一体化动态管理服务，实现培训机构全覆盖、培训人员全实名、培训资金全记录、培训过程可追溯、培训质量可监控。

第二十七条 创业培训机构应严格按照创业培训要求组织创业培训，对擅自将培训任务委托、转包给其它单位和个人的，以及弄虚作假骗取创业培训补助资金的，取消培训资质，并依法追究责任。

第六章 培训考核督导

第二十八条 建立创业培训考核督导员制度。由市人社局负责对全市创业培训考核督导员进行培训和发证，开展创业培训考核过程由督导员进行监督。

第二十九条 创业培训结束后，培训学员在全市统一指定平台进行创业成果提交。

第三十条 创业成果提交后，余姚、慈溪、宁海、象山人力社保部门负责对培训学员进行考核发证。非上述地区人力社保部门负责对辖区内培训学员组织考核，报市人社局审批发证。采用单科综合性无纸化考试，成绩达60分者为合格，考试合格学员颁发《创业培训合格证书》。

第三十一条 《创业培训合格证书》（样本见附件3）由人力社保部统一监制、各级人力社保部门核发。相关编码及信息要求如下：

（一）证书编码。第1~2位为本省行政区划代码，第3~6位为市（区县）行政代码，第7~14位为顺序号。

（二）证书信息。证书信息包含：考生姓名、培训时间、创业项目全称、身份证号码、证书编号、培训机构、证书签发日期，并加盖相应人力社保部门证书专用章。

第七章 培训补贴

第三十二条 符合我市创业培训补贴条件的对象，按有关规定申报创业培训补贴。

第三十三条 补贴对象、方式、项目及标准。补贴对象及方式按宁波市职业技能培训补贴实施细则文件执行；补贴项目及标准按市人力社保局根据市场需求、人才紧缺程度和培训成本，并会同市财政部门确定创业项目及培训补贴标准，发布年度补贴目录和补贴标准。

第八章 附则

第三十四条 本办法自发布之日起执行。本办法有效期五年，至2025年12月31日，有效期内如与国家和上级有关部门政策调整相抵触，按国家和上级政策规定执行。

附录2：相关政策文件要点摘录

一、文件名称：国务院关于进一步做好稳就业工作的意见

1. 发文字号：国发〔2019〕28号

2. 要点摘录：

五、大规模开展职业技能培训

（十四）大力推进职业技能提升行动。落实完善职业技能提升行动政策措施，按规定给予职业培训补贴和生活费补贴。针对不同对象开展精准培训，全面开展企业职工技能提升培训或转岗转业培训，组织失业人员参加技能培训或创业培训，实施农民工、高校毕业生、退役军人、建档立卡贫困人口、残疾人等重点群体专项培训计划。支持职业院校（含技工院校）积极承担相应培训任务。

八、加强组织保障

（二十三）完善资金投入保障机制。积极投入就业补助资金，统筹用好失业保险基金、工业企业结构专项

奖补资金等，用于企业稳定岗位、鼓励就业创业保障基本生活等稳就业文出。有条件的地方可设立就业风险储备金，用于应对突发性、规模性失业风险。

二、文件名称：国务院关于推动创新创业高质量发展打造"双创"升级版的意见

1. 发文字号：国发〔2018〕32号

2. 要点摘录：

四、持续推进创业带动就业能力升级

（十一）强化大学生创新创业教育培训。在全国高校推广创业导师制，把创新创业教育和实践课程纳入高校必修课体系，允许大学生用创业成果申请学位论文答辩。支持高校、职业院校（含技工院校）深化产教融合，引入企业开展生产性实习实训。（教育部、人力资源社会保障部、共青团中央等按职责分工负责）

（十二）健全农民工返乡创业服务体系。深入推进农民工返乡创业试点工作，推出一批农民工返乡创业示范县和农村创新创业典型县。进一步发挥创业担保贷款政策的作用，鼓励金融机构按照市场化、商业可持续原则对农村"双创"园区（基地）和公共服务平台等提供金融服务。安排一定比例年度土地利用计划，专项支持农村新产业新业态和产业融合发展。（人力资源社会保障部、农业农村部、发展改革委、人民银行、银保监会、财政部、自然资源部、共青团中央等按职责分工负责）

（十三）完善退役军人自主创业支持政策和服务体系。加大退役军人培训力度，依托院校、职业培训机构、创业培训中心等机构，开展创业意识教育、创业素质培养、创业项目指导、开业指导、企业经营管理等培训。大力扶持退役军人就业创业，落实好现有税收优惠政策，根据个体特点引导退役军人向科技服务业等新业态转移。推动退役军人创业平台不断完善，支持退役军人参加创新创业大会和比赛。（退役军人部、教育部、人力资源社会保障部、税务总局、财政部等按职责分工负责）

三、文件名称：国务院关于推行终身职业技能培训制度的意见

1. 发文字号：国发〔2018〕11号

2. 要点摘录：

二、构建终身职业技能培训体系

（八）大力推进创业创新培训。组织有创业意愿和培训需求的人员参加创业创新培训。以高等学校和职业院校毕业生、科技人员、留学回国人员、退役军人、农村转移就业和返乡下乡创业人员、失业人员和转岗职工等群体为重点，依托高等学校、职业院校、职业培训机构、创业培训（实训）中心、创业孵化基地、众创空间、网络平台等，开展创业意识教育、创新素质培养、创业项目指导、开业指导、企业经营管理等培训，提升创业创新能力。健全以政策支持、项目评定、孵化实训、科技金融、创业服务为主要内容的创业创新支持体系，将高等学校、职业院校学生在校期间！开展的"试创业"实践活动纳入政策支持范围。发挥技能大师工作室、劳模和职工创新工作室作用，开展集智创新、技术攻关、技能研修、技艺传承等群众性技术创新活动，做好创新成果总结命名推广工作，加大对劳动者创业创新的扶持力度。（人力资源社会保障部、教育部、科技部、工业和信息化部、住房城乡建设部、农业农村部、退役军人事务部、国务院国资委、国务院扶贫办、全国总工会、共青团中央、全国妇联、中国残联等按职责分工负责）

四、文件名称：国务院办公厅关于支持农民工等人员返乡创业的意见

1. **发文字号**：国办发〔2015〕47号

2. **要点摘录**：

三、健全基础设施和创业服务体系

（十）强化返乡农民工等人员创业培训工作。紧密结合返乡农民工等人员创业特点、需求和地域经济特色，编制实施专项培训计划，整合现有培训资源，开发有针对性的培训项目，加强创业师资队伍建设，采取培训机构面授、远程网络互动等方式有效开展创业培训，扩大培训覆盖范围，提高培训的可获得性，并按规定给予创业培训补贴。建立健全创业辅导制度，加强创业导师队伍建设，从有经验和行业资源的成功企业家、职业经理人、电商辅导员、天使投资人、返乡创业带头人当中选拔一批创业导师，为返乡创业农民工等人员提供创业辅导。支持返乡创业培训实习基地建设，动员知名乡镇企业、农产品加工企业、休闲农业企业和专业市场等为返乡创业人员提供创业见习、实习和实训服务，加强输出地与东部地区对口协作，组织返乡创业农民工等人员定期到东部企业实习，为其学习和增强管理经验提供支持。发挥好驻贫困村"第一书记"和驻村工作队作用，帮助开展返乡农民工教育培训，做好贫困乡村创业致富带头人培训。

五、文件名称：人力资源社会保障部国家发展改革委等十五部门关于做好当前农民工就业创业工作的意见

1. **发文字号**：人社部发〔2020〕61号

2. **要点摘录**：

二、促进就地就近就业

（六）支持返乡入乡创业带动就业。加强创业服务能力建设，组织协调企业家、科技人员、创业成功人士等成立创业服务专家团队和农村创新创业导师队伍，为返乡入乡创业农民工提供政策咨询、开业指导等专业服务。对符合条件的返乡入乡创业农民工，按规定给予税费减免、创业补贴、创业担保贷款及贴息等创业扶持政策，对其中首次创业且正常经营1年以上的，按规定给予一次性创业补贴，正常经营6个月以上的可先行申领补贴资金的50%。加强创业载体建设，政府投资开发的孵化基地等创业载体可安排一定比例的场地，免费向返乡入乡创业农民工提供，支持高质量建设一批返乡入乡创业园（基地）、集聚区，吸引农民工等就地就近创业就业。（国家发展改革委、财政部、人力资源社会保障部、农业农村部、人民银行、税务总局等按职责分工负责）

三、强化平等就业服务和权益保障

（八）强化教育培训。用好职业技能提升行动专账资金，实施农民工稳就业职业技能培训计划。支持企业面向新吸纳失业农民工开展以工代训，实现以训稳岗。面向失业农民工开展定向定岗培训、急需紧缺职业专项培训，面向返乡农民工就近开展职业转换培训和创业培训。农民工可按规定在培训地申领职业培训补贴、培训期间生活费补贴和职业技能鉴定补贴等。落实高职扩招任务要求，针对农民工单列招生计划，做好考试测试、招生录取、分类教育管理等工作。（教育部、财政部、人力资源社会保障部、农业农村部等按职责分工负责）

六、文件名称：人力资源社会保障部财政部共青团中央关于印发百万青年技能培训行动方案的通知

1. 发文字号：人社部发〔2020〕59号

2. 要点摘录：

一、行动目标

深入贯彻党中央、国务院把稳就业摆在更加突出位置的要求，实施百万青年技能培训行动，以高校毕业生和其他青年群体为培训对象，以提升青年就业创业能力为核心，大规模开展青年职业技能培训。2020年至2021年，面向各类青年群体开展职业技能培训200万人次以上，提高青年就业率和创业成功率，扩大和稳定青年就业。

五、行动内容

（四）青年创业培训计划。加大青年创业支持力度，面向有创业意愿和培训需求的城乡青年，开展有针对性的创业培训。加强创业意识教育、创业项目指导和网络创业等培训，提高创业能力和创业成功率。要强化落实创业担保贷款、税费减免等扶持政策，提供创业咨询指导、创业孵化、融资、法律咨询和事务代理等全方位服务，健全创业培训、创业扶持和创业服务"三位一体"的工作体系。对创办企业成功且经营稳定的，按规定给予创业补贴和优先贷款支持。

七、文件名称：力资源社会保障部关于印发农民工稳就业职业技能培训计划的通知

1. 发文字号：人社部函〔2020〕48号

2. 要点摘录：

一、工作目标

深入实施职业技能提升行动，将职业技能培训作为促进农村转移劳动力就业稳定农民工工作岗位、支持农民工返乡创业、助力贫困劳动力增收脱贫的重要抓手，面向广大农民工群体，开展大规模、广覆盖和多形式的职业技能培训。2020年至2021年，每年培训农民工700万人次以上，促进农民工职业技能提升，推动农民工稳岗就业和返乡创业，改善农民工就业结构，将农民工培育成为重要的人力资源。

四、工作内容

（三）以输出地为主，组织返乡农民工开展就业创业培训，促进农民工就近就业创业。结合县域经济发展和公益岗位需求，重点围绕县域内生产制造业、建筑业、服务业、乡土产业、休闲旅游业、餐饮业等开展技能培训，提高返乡农民工职业转换和再就业能力，促进返乡农民工再就业。根据区域经济和人文特点，结合新经济、新业态，大力开展农民工返乡创业培训，鼓励准备创业和创业初期的农民工参加创办企业、创业实训、经营管理等课程培训，提升项目选择、市场评估、资金预测、创业计划等能力，推动返乡农民工创业。对新生代返乡创业农民工，积极开展大数据、人工智能、电子商务等新技术新领域创业培训，促进提高创业质量和层次。加大返乡农民工就业创业政策扶持，健全创业培训与创业服务相结合的工作体系，不断提高返乡农民工创业成功率。

八、文件名称：人力资源社会保障部财政部农业农村部关于进一步推动返乡入乡创业工作的意见

1. 发文字号：人社部发〔2019〕129号

2. 要点摘录：

二、提升创业培训

（三）扩大培训规模。将有培训需求的返乡入乡创业人员全部纳入创业培训范围，依托普通高校、职业院校、教育培训机构等各类优质培训资源，根据创业意向、区域经济特色和重点产业需求，开展有针对性的返乡入乡创业培训。对返乡入乡创业带头人开展创业能力提升培训，充分发挥辐射和带动作用。

（四）提升培训质量。积极探索创业培训＋技能培训，创业培训与区域产业相结合的培训模式，根据返乡入乡创业人员特点，开发一批特色专业和示范性培训课程。实施培训下乡"直通车"、农民夜校、远程培训、网络培训，推动优质培训资源城乡共享，提高培训的针对性、实用性和便捷度。探索组建专业化、规模化、制度化的创业导师队伍，发挥"师带徒"效应。

（五）落实培训补贴。对参加返乡入乡创业培训的农民工、建档立卡贫困人口、大学生和退役士兵等人员，按规定落实培训补贴。有条件的地方可按规定通过项目制方式购买培训项目，为符合条件的返乡入乡创业人员提供培训。各地可结合实际需要，对师资培训、管理人员培训、管理平台开发等基础工作给予支持。

九、文件名称： 国务院扶贫办人力资源社会保障部关于加强贫困村创业致富带头人培训工作的通知

1. 发文字号：国开办发〔2019〕19号

2. 要点摘录：

二、完善培训模式

（三）科学设置培训内容。结合当地脱贫攻坚任务、扶贫产业布局和致富带头人项目实际，科学构建多层次、模块化的创业培训课程体系。根据致富带头人不同创业阶段的特点和需求，有针对性地组织培训。对准备创业人员开展创业意识培训，帮助选择创业项目，培养企业家精神；对创业初期人员开展创办企业培训，提升市场评估、资金预测、风险防范、创业计划等能力；对创业成功人员，重点开展改善企业培训，系统建立企业管理体系，提升企业稳定率和竞争力。在此基础上，对于发展良好的企业开展扩大企业培训，指导企业实现品牌发展和战略增长。对于有意愿和条件的致富带头人，可开展农村电商创业培训。开展创业培训同时，应注重加强脱贫攻坚政策、带贫责任意识培训。

（四）创新创业培训模式。开展致富带头人创业培训过程中，应有效利用各类创业培训资源，积极采取互动式教学方式，辅以创业实训、观摩游学、创业指导等，探索创业培训与技能培训、村域产业相结合的培训模式。有条件的地区，可利用互联网平台，开展微课、慕课、翻转课堂等"互联网+"创业培训模式。

三、精心组织培训

（五）选优创业培训机构。充分发挥高职院校、中职学校、技工院校、农民（干部）学院、科研院所、产业基地、创业孵化园、就业训练中心、职业培训基地、职业培训机构等培训资源多样化优势，依托具备条件的培训机构，为致富带头人提供切实有效的系统化培训。各省（区、市）要建设一批贫困村创业致富带头人实训基地。已认定的国家级贫困村创业致富带头人实训基地，扶贫部门要按照属地管理原则加强管理，确保规范运行，切实发挥示范效应。

（六）发挥优势资源作用。充分发挥人力资源社会保障部"马兰花中国创业培训项目"作用，针对致富带头人特点需求，合理利用已有课程、教材、师资、培训机构等资源，开展"创办你的企业"、网络（电商）创业、返乡下乡创业等课程培训。依托东西部扶贫协作、中央单位定点扶贫以及"万企帮万村"行动，开展致富带头人培训。应严格按照技术标准和培训周期，做好课程学员匹配、培训需求分析、教学组织实施、后续指导服务、培训监督评估。

（七）加强师资队伍建设。扶贫部门可从省级及以上脱贫攻坚奖获得者、创业带贫效果显著的致富带头人，以及具有培训指导能力和成功帮扶经验的专家、企业家、高校教授中，选择有志于扶贫事业的人员作为创业培训师资。人力资源社会保障部门可与当地扶贫部门协作，开展创业师资培训，并按规定给予职业培训补贴，培养服务于致富带头人创业培训指导的师资队伍。选派教学能力强、乡村创业培训经验丰富的师资承担培训任务。建立创业师资库，完善登记、考核、进出机制。强化创业培训师资工作成效跟踪考评、能力水平考核

和学员满意度评价。通过组织培训、研讨交流、观摩竞赛等多种方式提升师资业务素质和能力水平。

（八）加强监督评估及跟踪服务。完善致富带头人创业培训质量监控和效果评估体系。通过信息化管理平台建设，强化培训档案管理、培训流程监督、培训效果评估、培训资金管理等工作。建立致富带头人培训信息档案，及时在全国扶贫开发信息系统中同步更新。建立创业跟踪系统，收集分析致富带头人反馈信息。强化致富带头人创业培训与后续服务的有效衔接。充分依托人力资源社会保障部门公共创业服务机构平台，为致富带头人提供开业指导、创业孵化、创业担保贷款等创业服务。

十、文件名称：财政部人力资源社会保障部关于印发《就业补助资金管理办法》的通知

1. **发文字号：** 财社〔2017〕164号
2. **要点摘录：**

第二章　资金支出范围

第四条　就业补助资金分为对个人和单位的补贴、公共就业服务能力建设补助两类。

对个人和单位的补贴资金用于职业培训补贴、职业技能鉴定补贴、社会保险补贴、公益性岗位补贴、创业补贴、就业见习补贴、求职创业补贴等支出；公共就业服务能力建设补助资金用于就业创业服务补助和高技能人才培养补助等支出。

同一项目就业补助资金补贴与失业保险待遇有重复的，个人和单位不可重复享受。

第五条　享受职业培训补贴的人员范围包括：贫困家庭子女、毕业年度高校毕业生（含技师学院高级工班、预备技师班和特殊教育院校职业教育类毕业生，下同）、城乡未继续升学的应届初高中毕业生、农村转移就业劳动者、城镇登记失业人员（以下简称五类人员），以及符合条件的企业职工。

职业培训补贴用于以下方面：

（一）五类人员就业技能培训和创业培训。对参加就业技能培训和创业培训的五类人员，培训后取得职业资格证书的（或职业技能等级证书、专项职业能力证书、培训合格证书，下同），给予一定标准的职业培训补贴。各地应当精准对接产业发展需求和受教育者需求，定期发布重点产业职业培训需求指导目录，对指导目录内的职业培训，可适当提高补贴标准。对为城乡未继续升学的应届初高中毕业生垫付劳动预备制培训费的培训机构，给予一定标准的职业培训补贴。其中农村学员和城市低保家庭学员参加劳动预备制培训的，同时给予一定标准的生活费补贴。

（三）符合条件人员项目制培训。各地人社、财政部门可通过项目制方式，向政府认定的培训机构整建制购买就业技能培训或创业培训项目，为化解钢铁煤炭煤电行业过剩产能企业失业人员（以下简称去产能失业人员）、建档立卡贫困劳动力免费提供就业技能培训或创业培训。对承担项目制培训任务的培训机构，给予一定标准的职业培训补贴。

第四章　资金申请与使用

第二十二条　职业培训补贴实行"先垫后补"和"信用支付"等办法。有条件的地区应探索为劳动者建立职业培训个人信用账户，鼓励劳动者自主选择培训机构和课程，并通过信用账户支付培训费用。

申请职业培训补贴资金根据资金的具体用途分别遵循以下要求：

（一）五类人员申请就业技能培训和创业培训补贴应向当地人社部门提供以下材料：《就业创业证》（或《就业失业登记证》《社会保障卡》，下同）复印件、职业资格证书复印件、培训机构开具的行政事业性收费票据（或税务发票，下同）等。

（二）职业培训机构为城乡未继续升学的初高中毕业生、贫困家庭子女、城镇登记失业人员代为申请职业培训补贴的，还应提供以下材料：身份证复印件（城镇登记失业人员凭《就业创业证》复印件）、初高中毕业证书复印件、代为申请协议；城市低保家庭学员的生活费补贴申请材料还应附城市居民最低生活保障证明材料。

上述申请材料经人社部门审核后，对五类人员和企业在职职工个人申请的培训补贴或生活费补贴资金，按规定支付到申请者本人个人银行账户或个人信用账户；对企业和培训机构代为申请或直补培训机构的培训补贴资金，按规定支付到企业和培训机构在银行开立的基本账户。

十一、文件名称：人力资源社会保障部等九部门关于实施大学生创业引领计划的通知

1. 发文字号：人社部发〔2014〕38号
2. 要点摘录：

二、政策措施

（一）普及创业教育

各级教育部门要加强对高校创业教育工作的指导和管理，推动高校普及创业教育，实现创业教育科学化、制度化、规范化。各高校要将创业教育融入人才培养体系，贯穿人才培养全过程，面向全体学生广泛、系统开展；积极开发开设创新创业类课程，并纳入学分管理；不断丰富创业教育形式，开展灵活多样的创业实践活动；切实加强师资队伍建设，为普及创业教育提供有力支持。

（二）加强创业培训

各级人社部门要加强与教育部门和高校的衔接，以有创业愿望的大学生为重点，编制专项培训计划，优先安排培训资源，切实抓好组织实施，使每一个有创业愿望和培训需求的大学生都有机会获得创业培训。要鼓励支持有条件的高校、教育培训机构、创业服务企业、行业协会、群团组织等开发适合大学生的创业培训项目，经过评审认定后，纳入创业培训计划，提高创业培训的针对性和有效性。要切实加强创业培训师资队伍建设，创新培训方式，积极推行创业模块培训、创业案例教学和创业实务训练，抓好质量监督，不断提升大学生创业

能力。要会同相关部门进一步完善和落实创业培训补贴政策，健全并加强培训补贴资金管理，对符合条件的参训大学生按规定给予培训补贴。

十二、文件名称：人力资源社会保障部办公厅财政部办公厅关于做好职业技能提升行动专账资金使用管理工作的通知

1. 发文字号：人社厅发〔2019〕117号

2. 要点摘录：

二、关于就业重点群体以及贫困劳动力职业技能培训和创业培训

（一）对贫困家庭子女、贫困劳动力、城乡未继续升学初高中毕业生（以下称"两后生"）、农村转移就业劳动者、下岗失业人员和转岗职工、退役军人、残疾人开展免费职业技能培训。对参加贫困村创业致富带头人培训的，按规定给予职业培训补贴。对贫困劳动力、就业困难人员、零就业家庭成员、"两后生"中的农村学员和城市低保家庭学员，在培训期间通过就业补助资金同时给予生活费（含交通费）补贴。

（二）毕业年度高校毕业生和离校2年内未就业高校毕业生（含技师学院）参加职业技能培训和创业培训，按规定给予职业培训补贴。

（三）农民参加新型职业农民培育工程、农村实用人才带头人素质提升和职业农民技能培训等，按规定给予职业培训补贴。

四、关于调整完善职业培训补贴政策

（一）各地可根据实际情况：提高通用职业素质、求职能力等综合性培训、创业培训、新产业新职业新技能培训和技能含量高、实训耗材量大的培训补贴标准。

十三、文件名称：人力资源社会保障部办公厅关于推进技工院校学生创业创新工作的通知

1. 发文字号：人社厅发〔2018〕138号

2. 要点摘录：

二、主要任务

（一）普及创业创新教育。各地要加强技工教育创业创新课程体系建设，将创业创新课程纳入技工院校教学计划。支持技工院校将创业创新意识教育课程与公共课程相结合，将创业创新实践课程与专业课程相结合。鼓励技工院校开设创业创新意识教育课程和市场开发、企业管理等创业创新实践课程，根据课程设置和教学实际情况，开发技工院校创业创新课程教材。注重在校园营造创业创新良好氛围，举办创业创新讲座和论坛，邀请成功创业者特别是创业成功校友传授创业经验。要依托技能大师工作室、创业工坊等，组织开展多种形式的

创业创新主题活动。

（二）加强创业培训。各地要建立健全技工院校创业培训体系，根据技工院校学生自身特点、实际需求和具备的职业技能水平，依托技工院校、职业培训机构、创业培训（实训）中心、企业培训中心、创业孵化基地、众创空间、网络平台等实体开展各类创业培训。鼓励技工院校引进或开发创业培训课程，支持技工院校组织开展马兰花中国创业培训示范项目。加强创业培训师资配备，切实提高学生创业能力。鼓励有条件的技工院校开设毕业学期创业培训实验班，帮助应届毕业生投身创业。

十四、文件名称：人力资源社会保障部关于实施职业技能提升行动创业培训"马兰花计划"的通知

1. 发文字号：人社部函〔2020〕109号
2. 要点摘录：

二、工作目标

实施"马兰花计划"，健全并完善政府引导、社会参与、创业者自主选择的创业培训工作机制。创业培训机构突破5000家，并结合高技能人才培训基地建设，发展一批更高水平、更具影响力的创业培训示范基地。培育一支覆盖各类培训课程的创业培训师资队伍，力争年培训量不低于8000人，参照技能大师工作室做法，支持优秀创业培训师资等成立创业指导工作室。扩大创业培训规模，提升创业培训质量，2021年培训量不低于200万人次，力争年培训量逐年有所提高。

三、工作措施

（一）明确创业培训内容。针对不同的创业阶段有针对性地开展创业培训。准备创业和创业初期的人员可参加创业意识、创办企业、网络创业、创业（模拟）实训等培训课程，提升项目选择、市场评估、资金预测、创业计划等能力；已经成功创业的人员可参加改善企业和扩大企业的培训课程，健全管理体系，制定发展战略，抵御外部风险，稳定企业经营，扩大就业岗位。

（二）扩大创业培训群体范围。创业培训要面向有创业意愿和培训需求的城乡各类劳动者。重点对贫困家庭子女、贫困劳动力、城乡未继续升学初高中毕业生（以下简称"两后生"）、各类职业院校（含技工院校，下同）学生、高校学生、离校2年内未就业高校毕业生、农村转移就业劳动者、返乡入乡创业人员、乡村创业致富带头人、下岗失业人员、转岗职工、小微企业主、个体工商户、就业困难人员（含残疾人）、退役军人、即将刑满释放人员等开展创业培训。

（三）促进技能与创业创新结合。推动职业院校创业创新培训，将创业创新课程纳入教学计划，使有创业意愿和培训需求的学生都有机会参加创业创新培训。依托技能大师工作室等开展多种形式的创业创新活动，将学生在校期间开展的"试创业"实践活动纳入政策支持范围。依托各地创业培训师资培训计划，加速职业院校创业培训师资培养。

（四）完善创业培训资源建设。依托《创业培训标准（试行）》，开发适用于不同创业群体、不同创业阶段的创业培训课程和教材，构建创业培训课程库和案例库。完善灵活多样的培训模式，积极采取小班互动式教学，辅以创业实训、观摩游学、创业指导等。探索"互联网＋创业培训"，有条件的地区可按照有关要求规范试点翻转课堂等线上学习与线下培训相融合的培训模式。加强网络创业培训技术平台的课程设置、教学管理和后续服务等功能建设。

（五）促进创业培训机构发展。加强创业培训机构规范管理，指导创业培训机构严格按照《创业培训标准（试行）》开展创业培训，强化培训效果评估和培训后续服务。广泛发动更多优势资源参与创业培训，支持符合条件的职业培训机构、就业创业培训（实训）中心、各类职业院校、高校、创业孵化基地、众创空间等实体开展创业培训。鼓励培训机构将培训服务"送上门"，为各类职业院校、高校、企业等机构组织提供培训课程、师资等创业培训优质资源。

（六）加强创业培训师资队伍建设。各地要进一步加强创业培训师资管理，完善进出、考评和激励机制。建立创业培训师资库，实现创业培训师资动态管理。制定长期师资培养计划，定期组织各类创业培训师资培训，并通过提高培训、研讨交流、教学观摩、讲师大赛等活动，提升创业培训师资培训指导能力。鼓励有条件的地区根据创业培训师资培训需求，探索创新市场化师资培训模式。持续组织"马兰花全国创业培训讲师大赛"，以赛促培训，以赛促交流，以赛促提高。

（七）完善创业培训质量监控体系。依托《创业培训标准（试行）》，完善创业培训质量监控和效果评估体系。利用大数据、区块链等技术，完善创业培训管理工作，加强创业培训信息化平台建设，做好创业培训日常管理、过程监督、培训考核、证书管理、效果评估、资金管理等一体化管理服务，实现培训机构全覆盖、培训人员全实名、培训资金全记录、培训过程可追溯、培训质量可监控。

（八）强化创业培训后续服务。加强创业培训与创业服务的有效衔接和统筹推进。依托人力资源社会保障部门公共创业服务机构，为参加培训的创业者提供开业指导、创业担保贷款、创业孵化、创业见习、企业咨询等服务，推动开展线上创业服务。吸纳创业培训师资、创业指导师、企业家、投资人等建立创业导师库，有条件的地区可结合本地实际，探索支持优秀创业导师成立工作室。

（九）推动创业培训助力脱贫致富。各地要加强对贫困地区、农村地区、边远地区的创业培训指导。结合乡村创业特点和培训需求，开发创业培训指导课程。加强贫困地区创业培训师资队伍和创业导师队伍建设。挖掘宣传返乡入乡人员、乡村创业致富带头人和扶贫创业培训师资的典型事迹。

附录3：马兰花创业培训项目介绍

马兰花创业培训项目（以下简称项目）是人力资源社会保障部门面向有创业意愿和培训需求的城乡各类劳动者开展的示范性创业培训，通过激发创业意识、提高创业能力、稳定企业经营，为劳动者提供创业培训和指导。

一、项目背景

本世纪初，为应对经济体制改革带来的就业压力，原劳动保障部与国际劳工组织合作实施"创办和改善你的企业（SIYB）中国项目"，引进SIYB课程体系和管理技术，对下岗失业人员等就业重点群体开展创业培训。同时，国家出台积极就业政策，探索补贴培训与小额担保贷款相结合，并逐步建立政策扶持、创业培训和创业服务"三位一体"的工作模式，为我国推动创业促就业工作奠定坚实基础。

二、项目特点

（一）管理体系基础实。项目依托人力资源社会保障系统建立了部、省、市、培训机构四级管理体制。部职业能力建设司负责政策制定及工作推动；中国就业培训技术指导中心负责组织实施、技术开发及队伍建设等；省、市级创业培训主管部门负责日常管理及监督评估等；培训机构负责培训组织和后续服务。目前，全国有创业培训机构4000余家。

（二）补贴政策有渠道。项目主要依托人力资源社会保障系统，面向就业困难人员等就业重点群体开展补贴性创业培训。补贴资金渠道主要通过就业补助资金或职业技能提升行动专账资金。

（三）课程体系较完善。项目以国际劳工组织SIYB课程为基础，覆盖创业全过程，包括初创阶段的创业意识（GYB）课程和创办企业（SYB）课程，已创业阶段的改善企业（IYB）课程和扩大企业（EYB）课程。项目自主开发网络创业培训课程，帮助创业者在网上开店创业。项目通过课程库逐步开发和吸收适用于不同群体和业态的课程体系。

（四）师资队伍建设强。项目累计培养师资6万余人，覆盖所有省、自治区、直辖市，并培养蒙、维、藏语师资服务边远地区。这些师资包括创业培训服务机构人员、高校师资、创业专家、企业家等。为加强师资能力提升，人力资源社会保障部每两年组织一届"马兰花全国创业培训讲师大赛"。

（五）带动就业效果好。项目通过小班互动式教学，实现较高的学员满意度、创业成功率和企业稳定率，就业带动效果凸显，成为各级人力资源社会保障部门推动"双创"稳就业，助力脱贫攻坚，促进职业能力提升的重要抓手。

参考文献

—— References

[1] [瑞士] 亚历山大·奥斯特瓦德，[比利时] 伊夫·皮尼厄，[瑞士] 格雷格·贝尔纳达，等. 价值主张设计：如何构建商业模式最重要的环节 [M]. 余锋，曾建新，李芳芳，译. 北京：机械工业出版社，2015.

[2] [英] 蒂英西·克拉克，[瑞士] 亚历山大·奥斯特瓦德，[比利时] 伊夫·皮尼厄. 商业模式新时代：一张画布重塑你的职业生涯（个人篇）[M]. 毕崇毅，译. 北京：机械工业出版社，2011.

[3] 人力资源和社会保障部职业能力建设司. 创办你的企业：创业计划书 [M]. 中国劳动社会保障出版社，2010.

[4] [美] 彼得·F. 德鲁克. 创新与创业精神 [M]. 张炜，译. 上海：上海人民出版社，2002.

[5] 郜风涛. 中国经济转型期就业制度研究 [M]. 北京：人民出版社，2009.

[6] 胡晓义. 走向和谐：中国社会保障发展60年 [M]. 北京：中国劳动社会保障出版社，2009.

[7] 王天力，周立华. 创业学 [M]. 北京：清华大学出版社，2013.

[8] 孙福全，陈宝明，王文岩，等. 主要发达国家的产学研合作创新——基本经验及启示 [M]. 北京：经济管理出版社，2008.

[9] 刘伟，王国成，葛新权. 大学生就业实验经济学研究 [M]. 北京：社会科学文献出版社，2014.

[10] 陈春龙，杨敏. 大学生创业基础 [M]. 北京：机械工业出版社，2011.

[11] 麦可思中国大学生就业研究课题组. 2018年中国大学生就业报告（就业蓝皮书）[M]. 北京：社会科学文献出版社，2018.

[12] 唐国华，刘铸，刘万芳. 高校毕业生就业创业指导服务体系建设的理论与实践 [M]. 沈阳：辽宁大学出版社，2013.

[13] 余长春，王润斌. 大学生就业能力与社会需求的匹配 [M]. 北京：社会科学文献出版社，2014.

[14] 李志永. 日本高校创业教育 [M]. 杭州：浙江教育出版社，2010.

[15] 人力资源社会保障部教材办公室. 创业指导 [M]. 2版. 北京：中国劳动社会保障出版社，2018.

[16] 中国就业培训技术指导中心，中国就业促进会创业专业委员会. 创业实训（导师版）[M]. 北京：中国劳动社会保障出版社，2015.

[17] 王凯，赵毅. 创业计划书编写理论 [M]. 北京：北京理工大学出版社，2012.

[18] 胡海波. 创业计划 [M]. 厦门：厦门大学出版社，2011.

[19] 张振刚，等. "挑战杯"中国大学生创业计划竞赛指南 [M]. 广州：华南理工大学出版社，2012.

[20] [瑞士] Stephan Rothlin，[美] Thomas A.Myers，[英] Mike Thompson. 责任型创业——商业计划书撰写 [M]. 王波译. 北京：对外经济贸易大学出版社，2015.

[21] 王春凤，曹薇，范玲俐. 客户关系管理 [M]. 上海：上海交通大学出版社，2016.

[22] 潘金龙. 市场营销学 [M]. 2版. 北京：教育科学出版社，2013.

[23] 丁志忠. 我国高校创业教育现状分析及对策的探讨 [J]. 企业改革与管理，2015（2）：216.

[24] 陈晓. 大学生创新型创业成功要素研究 [J]. 高教与经济，2011，24（4）：42-45.

[25] 肖喜明. 促进我国青年创业的制度需求与制度供给分析——基于新制度经济学的视角 [J]. 中国青年研究，2018（9）：108-114.

[26] 赵国钦，韩天实. 大学生创业的政策扶持体系：文本分析、感知评价和优化建议 [J]. 中国人力资源开发，2016（15）：79-86.

特别鸣谢
Special Thanks